DI🍃S
EN EL
RITZ

LORENZO ALBACETE

DIOS EN EL RITZ

LA ATRACCIÓN DEL INFINITO

Traducción de María Elena Barro Rodríguez

A Crossroad Book
The Crossroad Publishing Company
New York

The Crossroad Publishing Company
www.crossroadpublishing.com

Título original: God at the Ritz: Attraction to Infinity
Diseño de la cubierta: adaptación del diseño realizado por Wendy
Bass para la versión original.

Printed in Spain

Library of Congress Cataloging-in-Publication Data
Albacete, Lorenzo.
    [God at the Ritz. Spanish]
    Dios en el Ritz : La atracción del infinito / Lorenzo Albacete.
       p. cm.
    Includes bibliographical references.
    ISBN 0-8245-2113-7 (alk. paper)
    1. Spiritual life – Catholic Church. I. Title.
    BX2350.3.A4418 2003
    270.8'3 – dc21

                                 2003009100

1 2 3 4 5 6 7 8 9 10   09 08 07 06 05 04 03
ISBN 978-0-8245-2113-4 (paperback)
ISBN 978-0-8245-0580-6 (epub)

A Monseñor Luigi Giussani,
que me enseñó a ver la Vía Láctea.

Índice

LOS TRES GRANDES:
SEXO, DINERO Y POLÍTICA

MÁS ALLÁ DE LA RELIGIÓN

Una cucaracha
en un baile de gallinas

En 1997, la premiada productora, escritora y directora Helen Whitney me invitó para que colaborase como asesor en el documental que estaba preparando para *Frontline,* un programa de PBS-TV acerca de los cuestionamientos que el papa Juan Pablo II había manifestado respecto a la cultura contemporánea. El más moderno de todos los Papas —experto en fenomenología filosófica, poeta, dramaturgo y actor— había resultado ser uno de los más severos críticos del pensamiento moderno, al que acusaba de haber engendrado de algún modo una «cultura de la muerte». Whitney deseaba ahondar en esta contradicción. Durante casi tres años, observé cómo seleccionaba, filmaba, cribaba, elegía y editaba los testimonios personales de cientos de líderes de la cultura mundial, que reaccionaban de forma positiva o negativa ante los cuestionamientos planteados por este Papa «ineludible».

Gradualmente, fui comprendiendo que los aspectos más inquietantes de las enseñanzas del Papa no se referían a puntos específicos de la doctrina y la moral, sino a la *esencia misma de la reivindicación religiosa de la verdad.* El Papa representaba las reivindicaciones de una manera de pensar, que se suponía que el siglo xx había expuesto como inmaduras y alineantes. Sorprendía que el siglo que vio el triunfo de la crítica de la religión hecha por los grandes «maestros de la sospecha» (Freud, Marx y Nietzsche) terminase con un líder religioso con la popularidad de este Papa. O así parecía ser por entonces...

En realidad, comprendí que no estábamos tratando tanto con los criterios religiosos de un hombre, sino más bien con lo que se ha dado en llamar el «drama del humanismo ateo». De repente, me hallé ante cuestiones que afectaban lo más íntimo de la propia reivindicación religiosa. En efecto, el más difícil de los segmentos por cumplir fue el dedicado a la fe, en el que se preguntaba si era posible reconciliar la fe religiosa, tal como la entiende el Papa, y la fidelidad a la vida, tal como se experimentó y entendió a comienzos del tercer milenio.

Cuando se terminó de preparar el programa, me solicitaron que participase en una reunión en la que éste se iba a presentar ante críticos de la televisión nacional en el Ritz Carlton Hotel de Pasadena, California, como adelanto de la próxima temporada televisiva. Y allí también durante la presentación —pero, sobre todo, con posterioridad, en el bar, el vestíbulo o la piscina— me hicieron muchas preguntas, no precisamente sobre el Papa y sus enseñanzas en particular, sino sobre la vida después de la muerte, el bien y el mal, la ciencia y la fe, la religión y la política, además de otros «temas fundamentales».

No estaba suficientemente preparado para este examen tan a fondo de mi propia fe. Los interrogadores fueron amables, pero también críticos e inteligentes. Las respuestas «estándar» no iban a servir de nada. Al principio, pensé en una expresión puertorriqueña:

me siento como una cucaracha en un baile de gallinas, es decir, que iban a acabar conmigo a picotazos.

Pero resultó de otro modo. Vi que las preguntas que me hacían eran las mismas que yo me planteaba, preguntas a las que tendría que hacer frente, si no deseaba que mi fe se convirtiese en una escapatoria de la carga de intentar llevar mi vida adelante en este mundo actual, que es como es. Mi único deseo fue haber tenido más tiempo para meditar mis respuestas.

Después, recordé lo que había aprendido de Don Luigi Giussani, fundador del movimiento Comunión y Liberación, en el que había hallado mi hogar espiritual. Siempre podía recurrir a lo que tenía en común con mis interlocutores: el amor por la vida, el deseo de felicidad, la pasión por la paz y el respeto hacia las demandas de tolerancia. Dejaría que esto fuese la guía para mis respuestas a sus preguntas.

Este libro es el resultado de esa experiencia. Desde entonces, he tenido tiempo para reflexionar y se me ocurre que muchos que no estuvieron presentes allí compartirán probablemente las preguntas a las que mis compañeros *y yo* nos enfrentamos en aquel momento. Con profundo respeto, ofrezco este libro a los que así lo hagan.

Las cuestiones que se debatirán en las páginas siguientes tratan las experiencias de vida que imponen más respeto reverencial. Estas experiencias impulsan la búsqueda humana de la verdad, la belleza, la justicia, la solidaridad y el desarrollo personal. Nos ponen delante de ese gran Misterio que subyace siempre y que inspira más cuestionamiento, más dedicación, más búsqueda para satisfacer los deseos inexorables de nuestro corazón. Este Misterio es el que convierte la vida humana en algo verdaderamente imponente y la libertad humana, en un gran riesgo. Pero no hay nada más importante que ahondar en los secretos de este Misterio, para afirmar así el valor de la vida humana a pesar de nuestras muchas miserias.

Este libro no habría sido posible sin la ayuda de muchas, muchas personas. Me resulta imposible nombrarlas a todas. Algunas son como esas «personalidades corporativas», que aparecen en muchas tradiciones religiosas como individuos que, de algún modo, personifican una comunidad de otros. Por este motivo, mencionaré sólo sus nombres. Gracias a Helen, Karol, Mike, Gwendolin, Luigi, Giorgio, Olivetta, Angelo, Carlo, Rick, Bill, Sean, Roberto, James, Theodore y John. Y gracias especiales a ti, Manuel.

Por eso, a continuación, está el resultado de mi experiencia relacionada con el intento de ser, de alguna manera e inescrutablemente, el representante de «Dios en el Ritz».

¿ES LA RELIGIÓN UNA ANIMALADA?

De los toros a las gallinas

Una de las mejores posibilidades que se tienen cuando volamos en el puente aéreo entre la ciudad de Nueva York y Washington, D.C. es la de ponernos al día en todo lo relativo a la primera presencia de los seres humanos sobre la tierra. Hay de todo en las revistas y los periódicos que se ofrecen en las terminales del puente aéreo. Ustedes me entienden, son esos estimuladores para la circulación cerebral deficiente, con títulos tan extraordinarios como *Inteligencia, Demencia, Discriminación, El tiempo en Siberia, Rocas y precipicios,* sin que falte el *Diario de los Estudios Prehistóricos.* Más tarde o más temprano, alguna de estas publicaciones trae un artículo acerca de la edad de la humanidad. Pero como esta información cambia constantemente, no queda más remedio que mantenerse al día.

Los artículos hablan invariablemente de esas cuevas que suelen encontrar los exploradores. Aportan pruebas de cómo vivió el hombre prehistórico y cuando los arqueólogos fechan los artefactos que hay en ellas, se tienen que remontar siempre a la época de los primeros humanos, es decir, hace millones de años. Así que no hay que molestarse en memorizar la fecha, porque con el tiempo apa-

recerá otra cueva y habrá que remontarse a una época aun más leja-
na. Pero si nos hacemos con todas las revistas posibles, resultará
muy fácil mantenernos al día mientras viajamos en el puente aéreo.

Sin embargo, no me queda más remedio que maravillarme de
que sigan encontrando semejantes cuevas. Hasta podría pensarse que,
por fin, cualquier sociedad científica va a ponerse manos a la obra
para realizar una búsqueda intensa de todas ellas y someter a estudio la cuestión. Pero resulta que, la mayoría de las veces, la gente
que las encuentra no es la que las anda buscando. Por ejemplo, los
pastores parecen tener una habilidad especial para hallar cuevas
que esconden maravillosos manuscritos, manuscritos que contienen
textos de documentos que todos suponen que se escribieron hace
cientos de años.

Para los inexpertos, todas las cuevas parecen iguales. Hasta podemos pensar en la posibilidad de que estas revistas arcanas estén *reu-
tilizando* las mismas fotos. Los manuscritos, las herramientas, los
artefactos, la cacharrería y, por supuesto, los huesos, todos parece-
rán absolutamente idénticos para quien no tenga una vista de lince.
Sin embargo, la característica más asombrosa de estas cuevas es esa
enorme criatura saltadora (¿o voladora?), semejante a un toro, que
suele estar pintada en la pared. Siempre está ahí y tampoco impor-
tará dónde esté la cueva, porque el toro aparecerá rodeado sin
falta por algunos grafitos prehistóricos incomprensibles. No importa hasta dónde nos permita la nueva cueva echar una mirada a ese
tiempo remoto, no importa tampoco dónde se encuentre la cueva...
¡el toro estará siempre ahí!

Pero hay otra cosa sorprendente: según los arqueólogos, este
toro es un ejemplo del arte religioso prehistórico. En cierto modo,
el toro es un símbolo religioso. Es la prueba de las preocupaciones

religiosas que tuvieron los seres prehistóricos, es la prueba de su sentido religioso, sus sensibilidades espirituales, su percepción del misterio. Está bien, puede ser así, pero, ¿siempre el *mismo* toro? Opino que quien dibujó el toro original debería ser aclamado como el mayor líder religioso de todos los tiempos, ya que ha ejercido una influencia que ha perdurado millones y millones de años. Una cosa es cierta: la prueba de pluralismo religioso en épocas prehistóricas es bastante inconsistente. Según parece, el toro imperó de manera absoluta.

Sé que no estoy aportando pensamientos muy científicos. Se trata simplemente de una especie de entretenimiento filosófico con el que nos distraemos cuando estamos embutidos en el asiento del medio del avión, apretados entre docenas de pesados periódicos y revistas que agarramos con avidez en la terminal. Nos hace pensar en chistes sosos como este: en la prehistoria, se te habría considerado un místico si hubieses dicho que, en efecto, la religión es una animalada.

Aun más, resulta realmente asombrosa la persistencia de ese impulso religioso o el anhelo de tener un dios. Viéndolo así, los aeropuertos son lugares excelentes para hallar una confirmación. Hoy día, las librerías de los aeropuertos rebosan toda clase de libros acerca de la religión, la vida espiritual, lo desconocido —el misterio más allá de las palabras. Si nos ocurriese cualquier catástrofe y desapareciese la civilización «tal como la conocemos», los pastores del futuro hallarían bajo tierra unas terminales aéreas y los arqueólogos afirmarían convencidos que fueron centros de gran espiritualidad, aunque no se basaban en los toros, sino en las *gallinas*.

Por supuesto que estoy pensando en esos libros al estilo de *Caldo de gallina para el alma*. He visto estanterías enteras dedicadas a famosas series de sopicaldos. Hay calditos de gallina para casi todo y todos: para las almas de los amigos de los animales, para las almas que no se dejan vencer, para las almas de la Tercera Edad y, lo más intrigante de todo, un caldo de gallina para el trasero. La serie parece ser para nuestra época lo que fue la *Imitación de Cristo* en la Edad Media. Confieso que no he leído ninguno de estos libros pavisosos, pero según tengo entendido, son realmente alimento místico, aunque su popularidad se semeja a la de esa serie de pacotilla que comenzó con los manuales de autoayuda para manejar computadoras y ahora saca libros que tratan casi todo lo imaginable, incluidos la *aromaterapia* y el *feng shui*.

Me maravillo de que Friedrich Nietzsche haya podido pensar en todo esto. Nada menos que en 1882, anunció que Dios había muerto. Quizás Dios no se murió del todo, sino que sufrió sencillamente una metamorfosis y se convirtió de toro en gallina. Esta puede ser la saga religiosa de la humanidad. Si es así, entonces es verdad que nuestra noción de Dios ha disminuido.

Pero quizás no ha sido Dios quien se ha convertido en una gallina, sino nosotros, los humanos. Flannery O'Connor observó que nos hemos convertido en una generación de «gallinas sin alas». Según parece, si a los pollos les cortan las alas mientras están vivos, su carne se tornará más gorda y tierna, de manera que la gallina sabrá mejor. Por desgracia, los pobres pollitos, aunque así son más apetitosos, pierden su capacidad para saltar de un lado a otro. No es que hubiesen llegado a encumbrarse como las águilas, pero al menos habrían podido saltar; podrían haber brincado arriba y abajo. Las gallinas sin alas no pueden. Su mundo es bidimensional, como esas figuras matemáticas en *Tierra plana*, el clásico de Edwin A. Abbott.

Según O'Connor, eso es lo que nos sucede. Es cierto que hoy día tenemos más bienes y conocimientos —podemos estar existencialmente más gordos—, pero hemos perdido toda una dimensión existencial. No podemos ya brincar arriba y abajo. De hecho, hemos perdido incluso el sentido de lo que significa arriba y abajo. Sólo podemos descender a los niveles psicológicos más primitivos y ascender a nuestra visión más exaltada del progreso material.

Pero la experiencia religiosa es mucho más que todo eso. Tiene su origen en un nivel más profundo que el psicológico y nos transporta más allá de todos los límites imaginables, hacia el infinito. Hemos perdido la capacidad para experimentar esta gama de posibilidades. No es que todos podamos llegar a ser águilas tan encumbradas como los místicos, pero al menos podríamos saltar un poquito. Podríamos brincar y subir hacia el infinito del Espíritu Santo o tirarnos de cabeza hacia las profundidades del Espíritu Santo. Pero ahora ya no sabemos cómo se sube y se baja. Somos gallinas sin alas.

Sin embargo, el impulso religioso —el deseo de subir y bajar o, para decirlo con un lenguaje más «religioso», el anhelo de una reunión con el Espíritu Santo— sigue siendo tan intenso como siempre. Digamos que es tan fuerte como un toro. Acaso es porque, hace tantos siglos, nuestros ancestros pintaron esas imágenes tan cautivantes y emocionantes de los toros en las paredes de cuevas alumbradas con antorchas. Quizás es por eso que buscamos en las librerías de los aeropuertos el *caldito de gallina* y otros libros similares para saciar nuestro apetito espiritual. Sentimos la ausencia de Dios.

Los maestros de la sospecha

Aunque sentir la ausencia de Dios ha formado parte del corazón humano desde el inicio de los tiempos, ese sentimiento de ausencia no se alimentó siempre. No hace mucho, por ejemplo, se dedicó todo un siglo a eliminar del corazón humano el impulso religioso, profundamente arraigado, y a exterminar la convicción de que el sentido de esta vida estaba en otra parte, más allá de ella. Se seguía la iniciativa de los grandes «maestros de la sospecha» (Sigmund Freud, Karl Marx y Friedrich Nietzsche), filósofos que pretendían desenmascarar el impulso religioso como simple expresión de cierta alienación profunda, como un conflicto sexual, una injusticia económica o el miedo.

Por ejemplo, una de las teorías freudianas más influyentes fue que la religión era una proyección externa de un problema psicosexual no resuelto. En efecto, es obvia la relación entre los instintos religioso y sexual. Los conflictos sexuales reprimidos afectan las mismísimas bases de la experiencia humana del mundo, en especial, las relaciones con otros humanos. Toda vida gira más o menos en derredor de la supervivencia y, tal como estamos hechos, la supervivencia requiere la sexualidad. No hay que ser un freudiano para saberlo.

El papa Juan Pablo II subraya esta idea en sus escritos filosóficos y teológicos. En su análisis experimental de la creación según el Génesis, el Papa sostiene que la sexualidad humana es inseparable del instinto humano de desarrollar los recursos de la naturaleza. La Biblia saca a colación el tema del género sólo después de que «Adán» —que en la primera parte de la historia de la creación no significa el hombre específicamente, sino más bien el ser humano en general— aparece ejerciendo su dominio sobre la creación al «nombrar» los animales; les concede un lugar en el proyecto humano del propio desarrollo. En esta experiencia de la relación entre el yo y el universo, se dice que Adán está «solo». Está incompleto. El Papa da a esta experiencia el nombre de «soledad original». No se trata de que el Adán individualmente solitario necesite otra persona que le ayude físicamente o le acompañe psicológicamente. Su soledad es mucho más profunda, mucho más fundamental. Es una herida en su propia experiencia como persona, una necesidad que tiene que satisfacerse, para que la criatura humana alcance su potencial.

En ese momento, Dios actúa para completar la creación de la criatura humana. Adán se queda dormido. Este sueño no es una siesta corriente con consecuencias sorprendentes; no es la anestesia necesaria para una operación de tórax. Este «sueño» es más bien un estado de estupor, un éxtasis irresistible que acompaña la experiencia del poder sagrado. Es una experiencia religiosa. Cuando el ser humano despierta, la criatura humana se ha convertido en una pareja. «Adán» (que significa ahora específicamente el hombre) se encuentra con la mujer, Eva.

La reacción de Adán confirma lo que ha ocurrido. No se trata de que un hombre se fue a dormir y, al despertar, se halló con una mujer. Si hubiese sido así, ¡Adán no habría tenido que entender primero su igualdad con la mujer! Seguramente habría notado la diferencia física y se habría asombrado de cómo era esa criatura. En cambio, la experiencia de la igualdad —o mejor dicho, la experiencia de la igualdad de la *diferencia*— es lo que ocurre primero. Adán reconoce que esa criatura diferente es «hueso de mis huesos y carne de mi carne». En consecuencia, el autor del relato de la creación no necesitó a Freud para descubrir la relación entre la experiencia religiosa y la sexual.

Ni tampoco el autor necesitó a Marx para descubrir la relación entre religión y trabajo o economía. Como hemos visto, el tema del género surge mientras el ser humano está estableciendo el primer sistema económico, la primera ordenación y distribución de los recursos para satisfacer los deseos y las necesidades humanos. En este proyecto, se presenta a la mujer ante todo como la «ayuda» del hombre. La experiencia religiosa que sirve como ocasión para su creación (el sueño/el estupor antes de la consagración) está unida a esta empresa, está unida al «trabajo».

En cuanto a Nietzsche, también podemos encontrar indicios de su «descubrimiento» en los relatos del Génesis sobre el «principio» de la historia humana. ¿No es el gran tema de que todo depende de la aproximación humana al poder? El futuro humano es dependiente de la «ciencia del bien y del mal», así como de la complacencia de Adán y Eva en confiar su experiencia religiosa del Creador, una experiencia que contiene una advertencia de la que dependerán la vida y la muerte.

Adán y Eva ignoraban lo que era el bien y lo que era el mal, así que, ¿cómo podían saber de qué estaba hablando Dios? Además, se ha dicho que la muerte es una consecuencia de su desobediencia, pero cuando escucharon la advertencia de Dios, todavía no habían desobedecido. Entonces, por qué no preguntaron, como hace el Noé de Bill Cosby en su versión cómica del Arca de Noé y el diluvio: «¿Qué es el bien? ¿Qué es el mal? ¿Qué es la muerte?». No preguntaron porque la diferencia entre el bien y el mal, así como la posibilidad de la inexistencia, formaban parte de esta experiencia religiosa, aunque no hubiesen sido conscientes de ella.

Su «inocencia» nada tenía que ver con ignorancia ni inmadurez. No es expresión de subdesarrollo mental y psicológico. Si hubiese sido así, la serpiente hubiese tenido toda la razón en su crítica de la creación, y los seres humanos sólo hubiesen podido liberarse desobedeciendo las limitaciones impuestas por el Creador. Precisamente porque Adán y Eva los entendieron así fue que se vieron forzados a seguir el consejo de la serpiente. Es decir, su acto sigue a un cambio en la percepción de su experiencia religiosa, en su percepción de lo sagrado. El estupor ha desaparecido. Ahora ven la experiencia religiosa como un obstáculo ante el poder humano del propio desarrollo.

En Adán y Eva, vemos la potente fuerza conocida como —en palabras que Nietzsche utilizaría— la «voluntad de poder». Así pues, en el mismo principio de la historia humana (en vez de mucho más tarde, en el siglo XIX), la religión fue vista primero como la expresión de una mentalidad esclava, que teme al poder humano. La consecuencia de la decisión del género humano de desobedecer las exigencias del Espíritu Santo fue una profunda alienación en las tres áreas de la sexualidad, el trabajo (la economía) y el poder, es decir, las alienaciones «descubiertas» por Freud, Marx y Nietzsche, respectivamente.

Pero los maestros de la sospecha no eran sólo teóricos, tal como observamos con anterioridad. No se contentaron con ser simples filósofos que observaban la condición humana. También se plantearon cambiarla; fueron «amantes de la humanidad», tal como los describió Walker Percy. El remedio para la alienación paralizante de la humanidad, tal como ellos la vieron, consistía en eliminar la única experiencia global que estorbaba su teoría global: la experiencia religiosa. Ahora bien, como dice Percy, se puede ser un amante de la humanidad y aportar cosas buenas, mejorar de alguna manera la condición humana. El problema surge cuando se es un teórico, pero también un amante de la humanidad. En ese caso, se puede llegar a ser extremadamente peligroso, incluso devastador. Si se da una situación que no se corresponde con la teoría, se ignorará o suprimirá como parte de los esfuerzos por mejorar la suerte humana.

Por tanto, los «descubrimientos» de Freud, Marx y Nietzsche no fueron totalmente infundados. Fueron útiles para la comprensión de nuestras situaciones individuales y colectivas. El problema fue que cada uno de ellos hizo de su percepción la explicación global de la realidad. Se suponía que todas las experiencias humanas habrían de valorarse de acuerdo con una percepción única, es decir, la de Freud, Marx o Nietzsche. Como buenos modernistas, sostenían que la mente humana crea la única realidad que podremos conocer jamás. Cualquier cosa que no encajase en sus teorías construidas en la mente, sencillamente no existía. Resulta irónico que el fallo de los maestros de la sospecha —estos teóricos y amantes de la humanidad— no estuvo en el hecho de que sus teorías abarcaban demasiado, sino en que abarcaban muy poco.

Cada uno de estos pensadores redujo la experiencia religiosa —que incluye realmente todo, puesto que es la experiencia del fin y la posibilidad de la vida en su totalidad— a una mera proyección de profundos conflictos en las áreas de la sexualidad, la economía y la sociología. En cambio, debemos ver la experiencia religiosa como una cosa en sí, como irreducible, como poseedora de una realidad propia profunda y significativa.

Qué importa si es un milagro

Recuerdo haber visto una tira cómica en la que una pareja se llevaba al bebé recién nacido a casa. La escena transcurría en el centro de Manhattan, en medio del tráfico abrumador, multitudes en las calles y los imponentes abismos formados por los rascacielos. La pareja estaba de pie ante la entrada majestuosa del hospital (¿quizás esperando un taxi?), con el bebé acurrucado en los brazos de la madre. El pie eran las palabras que la madre decía al bebé: «¡Mira, Harry, esto es el mundo!».

Supongamos que el bebé hubiese sido capaz de ver y mirar la magnitud imponente de todo ello: los edificios, el tráfico, el ruido, la gente. Su reacción habría sido un asombro aplastante. Este asombro es la experiencia religiosa.

La experiencia religiosa es una experiencia humana, una pasión humana como muchas otras. Expresa el poder, la energía de la vida humana misma. En efecto, la experiencia religiosa puede verse como la experiencia humana fundamental que desencadena una curiosidad apasionada. Precisamente es esta curiosidad apasionada la que sostiene los esfuerzos de la ciencia, por ejemplo, así como otras empresas humanas creativas, como el desarrollo de un orden social justo y una distribución equitativa de los recursos humanos. Es esta misma curiosidad apasionada la que transmite energía a los niños para su maravillosa exploración del mundo.

La experiencia religiosa no es directamente una experiencia de una realidad más allá de este mundo. No se trata de que, de repente, yo vea esta otra realidad, sino de que todo lo que veo es lo que hay en este mundo. Es una manera de experimentar este mundo como la señal de una realidad que está siempre más allá de sus límites. La mutación celular que investiga un científico, las desigualdades sociales contra las que lucha un activista, el grillito que cuida un niño, todo ello apunta a ese Misterio que yace en el corazón de todo lo que existe.

Por tanto, la experiencia religiosa no es una escapada de este mundo; es una aseveración de ese mundo. Es una manera de estar ante la realidad —la realidad a la que cada uno de nosotros se enfrenta cada día en nuestra vida, nuestro trabajo y nuestras relaciones— y observarla con una curiosidad apasionada. Es una actitud contemplativa ante todo lo que existe. Como el milagro de esa madre que sostiene a su recién nacido y le dice con alegría y esperanza: «¡Mira, esto es el mundo!». Todo lo que importa es un milagro.

La ciencia y el Misterio

Aires puertorriqueños

A lo largo de mi vida, me han hecho siempre dos preguntas. Me las han hecho en muchos lugares diferentes, en idiomas diversos y personas de culturas, niveles educativos, convicciones religiosas y géneros diferentes. No importa lo que algunos seres humanos puedan tener en común o no, si existe una naturaleza humana universal o no, lo cierto es que, de alguna manera, consigo reunir a seres de este mundo para que todos ellos me hagan las dos mismas preguntas: 1. ¿Por qué no parece puertorriqueño? y 2. ¿Cómo puede ser científico y creyente?

La respuesta a la primera pregunta es sencilla: al menos hasta el día de hoy, los puertorriqueños no se han decidido por una apariencia oficial única. Nacer en Puerto Rico se ha considerado siempre como motivo suficiente para ser puertorriqueño, confirmándolo el amor hacia el país y sus gentes, así como la solidaridad hacia ellos. La respuesta a la segunda pregunta es también sencilla: fácilmente. Para ser científico, tuve que estudiar con ahínco, aprobar exámenes y ganarme el aprecio profesional de mis colegas. Para ser creyente, tuve que aprender a no reprimir los deseos de mi corazón o lo que mi corazón consideraba que era esencial para dar sentido a la vida, incluido el espíritu emprendedor científico. Nada en mi labor como científico me ha obligado a suprimir estas demandas de mi yo más profundo y muchas cosas han reforzado incluso estas demandas, incluido mi deseo de comprender el mundo que me rodea.

Ambas preguntas surgen de la ignorancia y el prejuicio. Es algo obvio en lo que a la primera pregunta se refiere. Pero es también obvio para la segunda, aunque no lo sea a menudo, porque muchas personas suponen que los religiosos son muy irracionales, en tanto que los científicos son los dechados perfectos de la razón. Pero, ¿es esto correcto? La devoción a la ciencia no ha sido siempre una prueba fidedigna de tolerancia e inteligencia en otras áreas de la vida, como la política, la ética, el amor y la religión. Los científicos han participado en cada uno de los movimientos extremistas que infestaron el siglo xx. Personalmente, conozco científicos competentes que dedican días y noches con devoción a la investigación práctica y teórica, para después pasar los fines de semana pintándose el cuerpo, escasamente vestidos o totalmente desnudos, con el propósito de entrar en comunión con los espíritus de la naturaleza. En efecto, en los actuales círculos intelectuales «post-todo», la ciencia misma se considera como algo culturalmente condicionado, chovinista, patriarcal, opresivo y dominado por prejuicios como cualquier otra esfera de la vida occidental. Lejos de librarnos de nuestras ilusiones, el razonamiento científico ha llegado a verse como otra ilusión más y quizás (después de la religión), en el más engañoso. Incluso en círculos menos intelectuales, la ciencia ha sido sometida a ataque, ya que la gente se preocupa por la proliferación de nuevas tecnologías y las consecuencias aparentemente inevitables de la investigación científica al servicio del poder.

No obstante, a pesar de todo ello, muchas personas todavía reverencian la ciencia como la más respetada fuente de conocimiento sobre la vida. Al menos emocionalmente, tiendo a compartir este prejuicio en favor de la ciencia en muchas controversias contemporáneas. Ante un dilema o problema, antes de decidirme, deseo al menos dar a la ciencia una oportunidad para que aporte información importante.

En una ocasión, hablaba en un evento en el que se habían planteado cuestiones relativas a la ciencia y la religión. Los físicos y cosmólogos modernos reconocen ahora ciertos límites impuestos a su poder de ofrecer certeza absoluta en lo que al microcosmo y el macrocosmo se refiere, es decir, los dos extremos del espectro de la investigación. En las mentes de muchos científicos, el «misterio», aunque no es exactamente lo que la religión entiende por este término, no es algo ajeno a la ciencia. Sin embargo, creen que la ciencia tiene el poder para explicar en términos puramente seculares la evidencia de la que dependen las tesis religiosas. Pero, ¿es esto cierto?

Lo que sí es cierto es que, en el mejor de los casos, la ciencia y la religión buscan el conocimiento y la verdad. Sus métodos pueden diferir, las preguntas que plantean pueden diferir y hasta pueden diferir las respuestas que encuentran, al menos en el lenguaje en que se enmarcan y formulan. Pero tanto la religión como la ciencia pretenden barrer la ignorancia y el prejuicio, en cualquier forma que puedan asumir. En resumen, la religión y la ciencia comparten una búsqueda común: la del conocimiento y la verdad.

Sin embargo, una búsqueda común no significa una búsqueda idéntica. Por esta causa, la religión y la ciencia están reñidas entre sí con frecuencia. Su búsqueda común no tiene que transcurrir necesariamente de forma tranquila o sin antagonismos, acusaciones o malentendidos.

QUINTO

La crítica de Monty Python

¿Recuerdan aquel gran episodio de Monty Python titulado «Haz tu apuesta»? En la escena, un concursante hace una apuesta e intenta defenderla de un interrogatorio crítico. El primer concursante apuesta que él escribió todas las obras de teatro de Shakespeare, pero que además él y su esposa escribieron los sonetos de Shakespeare. Una vez hecha esta apuesta, el presentador señala que se sabe que las obras de Shakespeare se escribieron a principios del siglo XVII. A continuación, el presentador pregunta su edad al concursante y éste le responde que tiene cuarenta y tres años. Como es natural, el presentador se extraña de cómo puede haber escrito unas obras que se presentaron más de trescientos años antes de su nacimiento. Después de un gran silencio, el concursante responde dándose por vencido: «Ahí es donde mi apuesta se viene abajo».

La apuesta del primer concursante es rechazada por la prueba histórica de la fecha de los escritos de Shakespeare. De manera similar, podrá parecer difícil mantener tesis religiosas basadas en hechos históricos, si se someten a una crítica histórica «científica». Dicha crítica suscita algunas veces serias dudas sobre si los hechos ocurrieron tal como se contó o, incluso, si ocurrieron de verdad.

El segundo concursante apostaba que había construido el Taj Mahal. Pero tan pronto como le llegó el turno de defender su apuesta, simplemente se retiró del juego y se negó a mantener cualquier debate. De manera similar, algunos no someterán sus convicciones religiosas a la crítica científica, por temor a que su tesis pueda quedar invalidada.

Por supuesto que las investigaciones históricas no representan la única fuente de crítica de las tesis religiosas. Estas tesis pueden entrar en conflicto también con las teorías científicas más recientes en biología, psicología o, incluso, cosmología (en lo concerniente a temas como la edad y el futuro del universo, la evolución y los fenómenos extraordinarios). Como resultado de ello, algunos han intentado separar las tesis religiosas de su dependencia de la historia y la ciencia para una posible verificación. Dirán que las convicciones religiosas atañen a otra «dimensión» de la vida distinta del conocimiento científico y que, por tanto, no están sujetas al cuestionamiento empírico o que estas convicciones están arropadas en conceptos filosóficos totalmente más allá del ámbito de la empresa científica.

Esta intención de inocular a la religión a partir de la crítica científica altera la terminología de la discusión hasta el punto que la ciencia no tiene manera de responder a cualquier tesis que presente la religión, al menos por el momento. En la escena de Monty Python, la tercera concursante, la Sra. Mittelschmerz, apuesta en una carta que podría arrojar los acantilados de Beachy Head al canal de la Mancha y, a continuación, ser enterrada. Pero cuando el presentador le pide que repita su apuesta, la cambia por algo totalmente imposible de comprobar, es decir, que ella podría abrirse camino a través de un elefante. Cuando el presentador le plantea el cambio en su apuesta, ella insiste diciendo que él es incapaz de leer su manuscrito. El presentador le replica que su carta está escrita a máquina.

De manera similar, cuando se enfrentan a la posibilidad de que la crítica científica pueda invalidar su tesis religiosa, algunos proceden a cambiarla. Alegan que lo que pretenden decir es algo distinto por completo, así como inaccesible e imposible de verificar por la ciencia. La cuestión es si cualquier tesis religiosa puede sobrevivir hoy día a la crítica científica. ¿O deberían las personas religiosas evitar cualquier diálogo con la ciencia? A lo largo de mi vida, he tenido que reconciliar mi amor por la ciencia con mis convicciones religiosas. ¿Puede explicarse la vida humana totalmente en términos científicos materialistas? ¿Puede estar actualmente bien fundado el tradicional criterio de cuerpo y alma, mente y pensamiento, materia y espíritu? ¿O acaso los que creemos en el reino del espíritu debemos utilizar una de las tácticas de la escena de Monty Python? ¿Pueden sobrevivir las convicciones religiosas a la crítica de Monty Python? Yo creo que sí pueden.

Más allá de los gusanos

S oy un noctámbulo y me encanta ver documentales sobre la vida en la selva, como los del canal Discovery o la serie Explorador de *National Geographic*. Incluso veo el canal Planeta Animal y sólo Dios sabe cuántas veces he visto espectáculos con cocodrilos presentados por ese australiano del que Jay Leno dice que lleva los pantaloncitos más cortos del mundo. También me he convertido en un experto en exhibiciones con tiburones en busca de comida. En realidad, nunca estoy suficientemente seguro de no haber visto ya el espectáculo que estoy viendo, porque casi siempre son lo mismo. El sencillo argumento se compone de cuatro partes: 1. caza, 2. comida, 3. reproducción y 4. ser comido.

Es pasmoso, pero terriblemente frustrante. Estos animales no tienen ni un momento de tranquilidad. Se puede ver en sus caras. Parecen siempre preocupados (excepto los más pequeñitos, que están relajados porque no saben lo que se les viene encima). Se preocupan incluso aunque estén pasando un buen momento, por ejemplo, mientras se reproducen o comen. Siempre están echando una mirada a sus espaldas, porque en cualquier momento ellos mismos pueden convertirse en alimento u otro de los suyos puede intervenir rápidamente y hacer desaparecer la presa que costó tantas horas cazar.

Es asombroso que todavía puedan tener apetito. ¿Han visto lo nerviosos que están los pájaros cuando comen? No es extraño que haya cagadas de pájaro por todas partes. Pero con todo, una y otra vez la historia se repite. La vida sigue intentando mantenerse firme. Sólo al final, bamboleándose en las garras de un tigre, la cebra o el venado parecen serenos y resignados. Si sólo uno de ellos cambiase su táctica, si sólo se negasen a correr o se detuviesen de repente y gruñesen a su atacante, o si saltasen al agua por primera vez en su vida, es posible que el atacante se quedase tan anonadado y sorprendido que la cebra o el venado tendrían una oportunidad de salvarse.

Pero no, no es eso lo que ocurre. Estos animales jamás intentan hacer algo realmente nuevo. Esa es la diferencia que existe entre estos animales y nosotros, los seres humanos. Los seres humanos esperamos y ensayamos cosas y tácticas nuevas para mantener y enriquecer nuestras vidas. Los seres humanos creamos lo nuevo no sólo para sobrevivir, sino también para prosperar.

Una diferencia aun más singular entre los humanos y los animales es que los seres humanos tienen la esperanza de sobrevivir a la propia muerte. Toda vida busca sobrevivir el mayor tiempo posible; la vida humana busca la eternidad. Pero, ¿cómo puede ser? ¿De dónde los seres humanos sacan la esperanza de poder sobrevivir a la muerte? Si lo que llamamos «eternidad» está más allá de las posibilidades de la naturaleza, entonces podemos unirnos a Adam Phillips, que en *Darwin's Worms* (Los gusanos de Darwin), hace esta pregunta: «¿Cómo puede ser posible que, siendo tan sólo criaturas naturales, la naturaleza resulte insuficiente para nuestras necesidades? O la naturaleza tiene que ser malvada en cierto sentido (anticuado) o hemos tergiversado nuestras necesidades».

¿Lo hemos hecho?

La reducción del deseo

Nuestros viejos amigos, los maestros de la sospecha, no negaron la autenticidad de las experiencias que conducían a las personas a creer en Dios; lo que negaban era que estas experiencias indicasen una realidad trascendente. Para ellos, estas experiencias era por entero el resultado de causas naturales. Sólo la ignorancia de estas causas era lo que nos llevaba a afirmar la existencia de un origen trascendente.

Este método de la sospecha triunfó en los círculos intelectuales sobresalientes de nuestro mundo secular. Freud, Marx y Nietzsche crearon posiciones «posteriores a ellos mismos» —postfreudianos, postmarxistas, postnietzscheanos—, pero no importa cuán «posterior» fuese, el método de la sospecha triunfó. Para ellos, la religión resulta de una tergiversación de nuestras necesidades. Según este hilo del pensamiento, no debemos ir más allá en pos de una explicación, sino que debemos mirar en el interior. O como dijo Feuerbach: «El hombre es dios para el hombre».

Algunos de los mayores pensadores religiosos concordarían con Feuerbach en que el mundo de la trascendencia no se halla «fuera de aquí», sino dentro, en las regiones más profundas del propio ser humano. Lo que llamamos «Dios» está más en nuestro «interior» que más allá de nosotros. Pero lo que ellos entienden por interior no es lo que los maestros de la sospecha entienden por interior. Lo que ellos proponen puede llamarse una «secularización» de la interioridad religiosa, privada de trascendencia.

Resulta difícil exagerar cómo este desarrollo ha afectado a la mayoría de nosotros. Una amiga mía, que enseña literatura en una famosa universidad, dio a sus estudiantes el *Diary of a Country Priest* (*Diario de un cura rural*) de Georges Bernanos. Se trata de un drama sobre la vida interior y la naturaleza dramática de la vida humana (amor, odio, esperanza, desesperación, resentimiento, perdón, pecado y redención). El protagonista es un sacerdote atormentado que, en el momento de la muerte, halla por fin la paz y la alegría que siempre le habían esquivado. Al final, comprende que «todo es gracia».

Mi amiga me cuenta que, año tras año, los estudiantes son incapaces de ver en la historia otra cosa que no sea un drama psicológico, sin ninguna referencia a la realidad más allá de lo emocional. No es que la novela sea poco convincente. Ella afirma que los estudiantes son incapaces de percibir cualquier dimensión más profunda. Independientemente de lo que motive la conducta humana, ellos creen que su explicación debe quedar enmarcada por entero en el ámbito del razonamiento científico.

Pero la interioridad religiosa es algo más que interioridad psicológica. Es algo que nos trasciende. Los estudiantes ven esta obra como una novela psicológica: este sacerdote necesita tratamiento. Sin embargo, para Bernanos, no necesita tratamiento: necesita la salvación.

En su lecho de muerte, el sacerdote experimenta su salvación a través de una realidad a la que llama gracia. Habiendo perdido la capacidad para experimentar lo que esto pudiese significar, suprimimos nuestra sed de trascendencia reduciendo nuestro deseo. Dicho con otras palabras, no nos permitimos desear demasiado.

Para mí, esta reducción del deseo es una de las mayores tragedias de la secularización de la interioridad.

OCTAVO

Acerca de memes y genes

E n el texto que sigue, me he guiado por los primeros capítulos de *The Faith of Biology and the Biology of Faith* (La fe de la biología y la biología de la fe), el excelente libro de Robert Pollack. También recomiendo el libro de S. Jonathan Singer *The Splendid Feast of Reason* (El espléndido festín de la razón), para conocer una presentación entusiasta y emocionante de las siguientes tesis científicas.

De acuerdo con el pensamiento científico actual, la existencia de la especie humana puede explicarse totalmente con la «selección natural». Todas las especies comparten un ancestro común. Las especies compiten por sobrevivir en un mundo de recursos limitados, sin mencionar las catástrofes impredecibles. Las especies pueden definirse por su genoma, compuesto por el ADN químico reunido en cromosomas. Cada individuo de determinada especie lleva el genoma definitorio de la especie en cada una de sus células. Los individuos de una especie se diferencian entre sí debido a errores en la copia del genoma del ADN de una generación a otra. Al fin y al cabo, estas diferencias, que mejoran o disminuyen la supervivencia, conducen al surgimiento de otras especies.

En el cerebro humano, este proceso ha originado una configuración basada en el ADN, que permite que la especie humana adquiera y transmita información por medio del lenguaje, dando lugar a la capacidad para formular, aprender y enseñar las ideas de otros. Richard Dawkins, distinguido profesor de la Universidad de Oxford, ha inventado la expresión «memes» (análoga a las secuencias del ADN llamadas «genes») para designar aquellas ideas que sobreviven al proceso de selección natural. En consecuencia, la vida humana podría describirse como compuesta «por memes y genes». Todos aquellos conceptos que tratan de la intención y el significado son grupos de memes supervivientes. En las sociedades humanas, la «batalla de los memes» es la que determina el destino de la sociedad.

La capacidad para construir memes está localizada en el cerebro humano, pero todavía tenemos que aprender cómo sus operaciones integradas, que culminan en el pensamiento y la conciencia, se relacionan con una actividad cerebral específica. Por muy complejas que puedan ser sus operaciones, no existe en absoluto ninguna razón científica para postular que funciona cualquier otra fuerza que no sean las leyes de la Física y la Química, que guían la formación y la evolución de toda la vida. En consecuencia, no existe ninguna base científica para la existencia de un mundo trascendente, inmaterial.

No se debe precisamente a que la ciencia sea incapaz de comprender realidades espirituales como consecuencia de su método de investigación; se debe a que la existencia de las realidades espirituales es vista como superflua. No se necesitan las realidades espirituales para que expliquen todos los fenómenos asociados con la vida, incluida la vida humana. Y si no se necesitan, entonces no tiene sentido explicar un fenómeno introduciendo más factores de los que son necesarios para su comprensión. Por supuesto que la ciencia no puede «demostrar» que no existe un orden de existencia espiritual más allá de las leyes de la Física y la Química, pero creer que existe parece ser una cuestión de preferencia irracional, más bien que fidelidad a la prueba concreta disponible para la ciencia.

Pero, ¿es realmente irracional esta «preferencia»? Las tesis religiosas se basan, en efecto, en un *deseo,* ¡pero este deseo es lo que define la razón misma!

Mundanidad atenta

Las tesis religiosas han nacido de los deseos del «corazón» humano. Cuando hablo de «corazón», no me refiero al órgano físico (ni al cerebro). En cambio, me refiero al sujeto armonioso de pensamiento y acción humanos, el «Yo». Es el sujeto de la frase «Yo te amo». No decimos «Mi cerebro te ama». Aun cuando lo dijésemos, todavía habría un origen «oculto» en esta afirmación, la experiencia que nos permite decir «mi», que nos obliga a decir «mi» en vez de decir simplemente «Cerebro te ama». ¿Y qué significa «te»? ¿Por qué no decir sólo «Cerebro ama cerebro»? No lo decimos porque no haría justicia a la amplia y rica experiencia que estamos intentando comunicar. Estaríamos suprimiendo la parte más profunda de la experiencia.

Entonces, cuando digo «corazón», me refiero a la experiencia de identidad, de ser algo único e irreemplazable. Las necesidades de este «Yo» son la fuerza más profunda que nos impulsa a actuar, a esa acción humana que nos lleva a «construir» memes.

¿Es posible explicar por entero la experiencia de ser un «Yo» con deseos por medio de la Física, la Química y la actividad de las neuronas cerebrales? Piensen en *The Splendid Feast of Reason* de Singer. Aquí tenemos un libro dedicado apasionadamente a rechazar como irrazonable cualquier sugerencia de dimensión trascendente de la vida. Incluso en el prefacio del libro, Singer habla de su motivación personal para escribirlo. La ciencia, escribe, fue alguna vez su «pasión absorbente». Pero «pasión» es una palabra que no pertenece realmente al universo de las leyes de la Física y la Química. «Pasión» sugiere fin y significado, que no forman parte del método científico.

Es como si hubiese dos sujetos presentes dentro de Singer: el «cerebro», que funcionaría con acuerdo a la ciencia y excluiría toda consideración de significado y fin, y el «Yo», que hallaría este significado y fin (pasión) en su funcionamiento según la ciencia. ¿Cuál es el sujeto «real»? Hacia los sesenta años de edad, pareció que los dos sujetos actuantes se habían retirado de él. Singer escribió: «Ocurre a menudo, cuando los científicos se hacen "maduros"; sin embargo, hacia los sesenta años de edad, comencé a pensar por vez primera seriamente en cosas ajenas al aula y al laboratorio. De tener sólo por casualidad conciencia de la condición humana, comencé a interesarme vivamente por intentar comprenderla».

Hasta entonces, dice, su vida se había caracterizado por una «espiritualidad desatenta». De repente, comprendió una admonición proveniente de fuentes religiosas: «Aquel que aumente los conocimientos, aumentará las penas». El resultado de este descubrimiento de la condición humana fue tristemente pesimista. Pero, no obstante, es un profesor y un profesor se siente motivado por la esperanza, de lo contrario, ¿por qué preocuparse? Tal como Singer señala, «después de todo, es un optimismo casi irreflexivo sobre el presente y el futuro el que hace que enseñar y aprender sean importantes, y todavía hago honor a esta percepción, en particular, en lo que a los jóvenes concierne. Habiendo dedicado la mayor parte de mi vida a la búsqueda y la divulgación del conocimiento, necesité confirmar que había valido la pena. En consecuencia, me sentí implacablemente resuelto, aunque no redundase en beneficio de nadie, sino en el mío propio, a crear algo que recalcara el optimismo en lugar de lo cruento. Para llevarlo a cabo, intenté concentrar mis pensamientos en algo realmente prometedor, alguna lustrosa veta de oro que resplandeciese desde lo que para mí era, de otra manera, un paisaje humano desesperanzador». Y, por eso, elige «esa virtud humana maravillosa y única, la racionalidad, y cantar las alabanzas de su vástago más significativo, la ciencia occidental moderna».

Cuando leí estas palabras, me emocioné profundamente, ya que son palabras realmente extraordinarias, imponentes y conmovedoras. De inmediato, deseé reunirme con ese hombre, que se describe como un «racionalista resuelto, un liberal en el plano político, un ateo confeso, un guerrillero de la genética y un proletario de la economía». Y, no obstante, el estereotipo sugerido por esta autodescripción no puede ser más opuesto a mí mismo, como teólogo creyente, un monseñor católico romano, un admirador del papa Juan Pablo II, un hispano que lleva siempre consigo a todas partes en su bolsillo (para diversión de los que también hacen cola ante los dispositivos de seguridad de los aeropuertos) una reliquia, un rosario, y una pequeña piedra de la tumba de su madre. (En cuanto a la política, soy más o menos un provocador político, fundador, presidente y casi miembro único del Partido Místico. Y en lo que a la economía se refiere, un hazmerreír.) Pero cualquiera que sea el conflicto entre los estereotipos, teníamos una cosa en común: una pasión por la racionalidad. «En la medida en que ambos seamos fieles a esta pasión —pensé—, podremos disfrutar juntos de una buena cantidad de *cappuccinos*.» Es por eso por lo que hago las observaciones siguientes con el más profundo respeto.

En efecto, no es ninguna sorpresa que las opiniones religiosas no desempeñan ningún papel en una vida que ha conseguido excluir las preocupaciones acerca de la condición humana en su conjunto o acerca de las personas que nos interesan de algún modo. Una actitud de «espiritualidad desatenta» es, en verdad, un obstáculo mortal para una experiencia auténticamente religiosa, porque implica una supresión de aquellas cuestiones a partir de las cuales comienza la búsqueda religiosa. En su libro, Singer atribuye el origen de la religión a la ignorancia acerca de la relación entre las causas particulares y sus efectos, lo que da origen al miedo a lo desconocido. En efecto, esto puede describir el «sentido religioso» de ciertas personas, pero no es el origen de la religión. Los estudios históricos de la experiencia religiosa muestran la coexistencia del impulso religioso con el conocimiento de las causas físicas, materiales, y sus efectos, sobre el cual se ha construido la base experimental del espíritu emprendedor científico. Si una civilización no siente aprecio por el planteamiento experimental para llegar al conocimiento, esto no se deberá a su religión como tal, sino a una actitud religiosa que ha perdido contacto con sus experiencias originales y se ha hecho más abstracta, más filosófica que religiosa.

El impulso religioso no se origina en el miedo a lo desconocido. (En efecto, incluso los científicos ateos pueden temer a lo desconocido y lo irracional.) El impulso religioso no ha surgido del miedo, sino del deseo. Por este motivo, los compromisos personales, los sentimientos, las pasiones, las emociones y las preocupaciones son componentes de la experiencia religiosa, porque son una parte esencial e ineludible del deseo humano. Un científico puede sentir que estos elementos irracionales deben mantenerse apartados totalmente del espíritu emprendedor científico, pero el hecho es que no lo están, como da a entender Singer, cuando dice que la ciencia ha sido su «pasión absorbente».

También discrepo con la tesis de que un aumento de conocimiento trae siempre consigo un aumento de las «penas». Las «penas» no provienen de la adquisición de conocimientos en sí, sino de no experimentar la correspondencia entre el conocimiento obtenido y la «pasión» en el corazón. Esta correspondencia es la que hace que la búsqueda de conocimiento «merezca la pena», a la vez que mantiene el impulso de compartir los propios descubrimientos y de enseñar al joven. No es un «optimismo irreflexible» el que lo logra; es un juicio sólido, hecho a partir de la evidencia de la propia experiencia.

Siguiendo este deseo de su corazón, Singer halla que el esplendor de la racionalidad humana es base suficiente para su compromiso de mejorar la condición humana tanto como sea posible. Creo que tiene toda la razón. La racionalidad es la perla más preciosa, tanto para la ciencia como para la religión. Es la espada mágica con la que nos enfrentamos a ese universo oscuro y hostil, en el que horadamos senderos en nuestra búsqueda de lo que desea el corazón apasionado. Aunque Singer y muchos otros científicos arrugarían la nariz ante estas palabras, es una herramienta de lo trascendente.

La religión ha nacido realmente de una mundanidad atenta.

Ante lo incognoscible

¿Es el enfoque científico de la realidad la manifestación única de la racionalidad humana? No existe en absoluto ninguna causa racional para aseverarlo. En *The Faith of Biology and the Biology of Faith*, el biólogo molecular Robert Pollack escribe acerca de su comprensión de que el enfoque científico que había caracterizado su labor científica no bastaba para dar cuenta de todas sus experiencias de vida. En otro tiempo, Pollack había aceptado plenamente lo que veía como las implicaciones de su labor científica: «El mundo no tiene un significado ni una intención intrínsecos; somos mortales; deseamos que no sea así; pero sí lo es; hagamos lo mejor de ello con nuestras propias luces humanas; ¿qué tiene de malo?»

No hay nada de malo en ello, como no sea el hecho de que Pollack descubrió de repente que no podía «sostenerlo honradamente» según se fue haciendo mayor. (¡Atención!, científicos que envejecen. Pueden hallarse en el umbral de algo similar a una creencia religiosa. Pero, ¿no se había supuesto que iba a ser a la inversa: creer cuando se es joven e inexperto, para dejarlo al madurar?) La posición científica es correcta, dice Pollack, y puede bastar perfectamente para muchos de sus compañeros científicos, pero no resulta suficiente para él. Es correcto en la medida en que la ciencia avanza, pero para él no ha ido lo suficientemente lejos como para dar cuenta de su experiencia de vida y sus posibilidades. Es una cuestión de «no renegar de nada de la experiencia humana», de aceptar «la igual validez de sentimientos y hechos».

¡En tanto que Singer, en un punto similar de la vida, regresó a la racionalidad, Pollack retornó, en cambio, a la irracionalidad! Pollack distingue entre lo desconocido (lo que hoy es desconocido, pero puede comprenderse algún día por medio de la racionalidad) y lo que no puede conocerse, a lo que él llama «irracional». Esta irracionalidad no contradice la racionalidad; está situada por completo más allá. La ciencia nada puede decir sobre ello, porque está más allá del alcance de la ciencia. Sin embargo, de algún modo, con el fin de dar cuenta de toda la gama de experiencias humanas, tenemos que decir que la racionalidad y la irracionalidad se cruzan en el ser humano, en el corazón humano.

De acuerdo con Pollack, el propio espíritu emprendedor científico, es decir, la búsqueda totalmente racional de lo desconocido, hunde en definitiva sus raíces más profundas en lo incognoscible. Así escribe que «lo desconocido no es el borde de todo. Lo desconocido en sí está totalmente delimitado, se desdibuja en una imposibilidad de conocer que es intrínsecamente inaccesible e inconmensurable». La experiencia humana, incluida la de los científicos, puede confirmarlo. Así, Pollack señala: «La ciencia en sí depende para su propio progreso del surgimiento periódico de lo incognoscible». La clave para el descubrimiento científico no es sencillamente el método experimental. Es la intuición científica la que guía al investigador a plantear los experimentos apropiados en un primer lugar. «La intuición científica no es un fenómeno sujeto a previo análisis científico», sostiene

Pollack. Es el nacimiento de algo que había sido inconcebible antes. La simple palabra «intuición» lo sugiere así. Es como la concepción del ser humano que no existía antes: la región desde cuyo interior la intuición extrae la nueva idea no puede ser explorada previamente por la ciencia, ya que, sencillamente, está más allá de ella. Es lo incognoscible, lo irracional. El investigador extrae lo científicamente desconocido de lo incognoscible, colocándolo, por decirlo así, «a la vista» y, a continuación, aplicándole el método científico de observación, experimentación y conclusión. Lo incognoscible es la fuente de intuición de la ciencia, es «la parte irracional de la ciencia que no tiene oportunidad de llegar a existir bajo control racional».

Por otra parte, Pollack escribe que «la intuición científica no es el único ejemplo de un don proveniente de lo incognoscible». Todos nuestros criterios relacionados con el significado y la finalidad nacen de la experiencia de la misma manera que surge la intuición científica. Estas experiencias dan origen a la religión. En consecuencia, según Pollack, sólo existe una «diferencia semántica» entre pensamiento científico y lo que la religión llama «revelación». Las diferencias entre ciencia y religión, incluidos los conflictos, resultan de la experiencia de una intuición reveladora; no están contenidas en ella. Se deben a dos búsquedas diferentes, por decirlo así: el descubrimiento de los secretos de la naturaleza y la construcción de un mundo de significado y finalidad. Estos dos proyectos humanos radicalmente diferentes originan una experiencia similar: una «revelación» que proviene de lo radicalmente incognoscible.

Un compromiso con la razón

Singer se propone hallar experiencias que pueden hacer que la vida sea valiosa y aportarnos satisfacción, alegría y esperanza. Esto le conduce a la capacidad humana de racionalidad, que sobrevive en medio de fuerzas poderosas formadas en su contra, muchas de las cuales provienen de tesis religiosas. Por otra parte, Pollack desea mostrar que estas «otras» maneras de ver el mundo pueden complementar la perspectiva científica y extender así la escala de lo que es valioso.

Sin embargo, ambos escritores restringen la racionalidad a la ciencia. Según la opinión de Singer, la racionalidad y lo irracional son totalmente incompatibles; para Pollack, no lo son por necesidad. Pero, ¿por qué restringir la racionalidad a la ciencia? ¿Acaso es imposible hallar un criterio de racionalidad que sea perfectamente consistente tanto con el espíritu emprendedor científico como con las experiencias que Pollack llama «irracionales» o más allá de la razón?

Luigi Giussani ofrece una definición de «razón» que hace justicia a nuestra experiencia al no introducir esta dualidad (lo racional contra lo irracional o lo incognoscible): la razón es el conocimiento de la realidad según la totalidad de sus factores. La persona «razonable» es, precisamente, la que está abierta a todos los aspectos de la experiencia de la realidad. Entendidas de esta manera, «razón» o «racionalidad» son una demanda del corazón, una necesidad primordial o fundamental de experimentar la totalidad, el significado último, el sentido. Esto convierte la razón en una manifestación del propio sentido religioso, que es precisamente la experiencia de la totalidad de la vida.

Por eso, la razón no se opone a la experiencia religiosa auténtica. Razón y religión están relacionadas de manera íntima. Si vamos a dar cuenta de todos los aspectos de la experiencia humana, incluido el análisis científico de la naturaleza, razón y religión tienen que relacionarse recíprocamente. Así pues, la franqueza ante la totalidad de la vida, la determinación de buscar todos los factores posibles involucrados en las experiencias de la realidad, es el resultado de un libre compromiso. No es algo que ocurra simplemente per se. Quizás no sea tan excepcional como piensa Singer, pero tampoco se equivoca al celebrar su presencia donde se halle. La razón y la libertad no pueden estar separadas. Tenemos un compromiso moral de ser racionales. Será inhumana una religión que nos pida que suprimamos nuestra necesidad de racionalidad. Los científicos y las personas auténticamente religiosas, sin que importen sus diferentes conclusiones, están del mismo lado en la batalla contra la supresión de la razón.

Este compromiso moral con la racionalidad es el que ofrece una base para el tan necesario diálogo entre ciencia y religión. Los descubrimientos científicos respecto al origen y la evolución de la vida hacen que este diálogo urja hoy día, porque los avances tecnológicos están siendo utilizados por poderosas fuerzas económicas e ideológicas para asumir el control del proceso evolutivo, así como para rediseñar la vida humana y el pensamiento para sus propios fines particulares. La finalidad de este diálogo necesario no debe ser llegar a un *mismo* entendimiento del fenómeno de la vida humana. Tal como Pollack insiste, la racionalidad científica no permite considerar factores más allá de lo universalmente verificable mediante experimentos sobre el comportamiento de la materia. La ciencia ha de excluir de su ámbito lo trascendental, lo eterno, lo espiritual, lo absolutamente particular, lo radicalmente nuevo e imprevisto, las creaciones de la libertad. Por tanto, el diálogo entre ciencia y religión versa sobre las diferentes maneras en que podemos comprender lo razonable, siguiendo cada una su propio método y su propia escala de aplicación.

Los dos lenguajes de la vida

En el libro *Lo que nos hace pensar*, el neurocientífico Jean-Pierre Changeux y el filósofo Paul Ricoeur debaten la relación entre las operaciones del cerebro y el mundo de la ética y la experiencia religiosa. Una y otra vez, Changeux y Ricoeur examinan esta cuestión fundamental: ¿han puesto fin los descubrimientos de la neurociencia a todo dualismo en la descripción del funcionamiento del ser humano? Es decir, ¿resulta ahora imposible hablar del cuerpo y el alma como de dos realidades totalmente diferentes que, de algún modo, se juntan en la unidad de un sujeto actuante? ¿No es, en realidad, lo que llamamos lo «espiritual» una operación totalmente material del cerebro?

La moderna biología molecular ha demostrado que en todas las funciones cerebrales intervienen los interruptores moleculares en el cerebro (receptores de sustancias químicas que estimulan la comunicación entre células nerviosas llamadas «neurotransmisores»), de manera que ahora todas estas funciones cerebrales pueden entenderse en términos estrictamente fisioquímicos. Se ha dejado de ver el cerebro como una computadora compuesta por circuitos prefabricados genéticamente. En cambio, las conexiones intercelulares son el resultado de un proceso de «tanteo», que incluye la interacción con el medio ambiente y las experiencias personales. En efecto, todo ello es posible por nuestra «carga genética» particular, pero la estructura genética no determina previamente todo lo que ocurrirá. En ella, ha «anidado» una serie de «huellas epigenéticas», que hacen referencia al proceso mediante el cual la información genética, modificada por influencias medioambientales, es trasladada a la sustancia y la conducta de un organismo. Estas huellas se han creado mediante «variación y selección». Según palabras de Changeux, «esta competencia (epigenética) evolutiva se hace cargo de la evolución (genética) biológica de la especie y, como consecuencia de ello, crea enlaces orgánicos con el entorno físico, social y cultural». De esta manera, se ha hallado el eslabón material que faltaba entre la naturaleza y la educación, imposibilitando toda consideración realmente dualista de las experiencias humanas. ¡Ahí tenemos de nuevo a nuestros amigos, los memes!

Pero, ¿qué significan todos estos descubrimientos científicos? O, como Changeux señala, ¿cuál es su importancia ontológica, la «incidencia de nuestra concepción sobre el origen de las cosas y los seres»? Con palabras extáticas reminiscentes de Singer, escribe: «¿Es posible imaginarse algo más apasionante que intentar reconstruir la vida humana de una manera que rechace la teleología, que rechace el antropocentrismo, que rechace todas las concepciones del mundo que se cobijan en la superstición religiosa —lo que Spinoza llamó el "refugio de la ignorancia"?»

Se trata de palabras bastante reveladoras, ya que aquí descubrimos de nuevo algo así como una pasión, que Changeux considera compatible con el racionalismo acumulado, frío por lo demás, de una investigación científica estricta. Y, sólo en mi propio nivel de pasión, diría que puedo imaginarme con facilidad muchas cosas más apasionantes que explicar todas las experiencias de valor (incluida la propia pasión de Changeux) en términos de evolución epigenética. Pero, ¿qué significa exactamente «apasionante»? ¿Es el apasionamiento otro producto del tanteo epigenético?

Si es así, lo apasionante se volvería rápidamente muy aburrido. Quiero decir que basta con ver lo que se considera «apasionante»: la destrucción de todas las ideas de finalidad (teleología), la desaparición de la dedicación a preservar la dignidad y los derechos humanos como norma de todas las interacciones sociales (antropocentrismo) y la destrucción de la esperanza que sostiene la búsqueda del cumplimiento de todos los deseos del corazón humano. Esto es apasionante sólo de un modo muy peculiar. Me sentiría más seguro en un mundo lleno de personas deprimidas que de otras apasionadas de esta manera.

Por eso, no sorprende que Changeux diga que se ha sentido obligado a hacerse una pregunta: «¿Cómo puede ser el hombre neuronal un sujeto moral? Desde entonces, no he dejado de reflexionar sobre esta pregunta, de hacer un serio intento de dar un nuevo significado a una ética de la vida buena, una ética humanista, plena de alegría, compatible con el libre ejercicio de la razón». De todo esto trata su debate con Ricoeur. La nueva «ciencia cognitiva», explica, se está beneficiando de la colaboración interdisciplinaria entre los investigadores de las ciencias naturales y humanas. Están intentando llegar «a un criterio unificado y sintético sobre lo que antes fue una cuestión reservada a la filosofía (cuando no estaba reservada a la religión), a partir de nuestro nivel actual de conocimientos acerca del cerebro y sus funciones». Ahora los antropólogos pueden estar «interesados legítimamente» en los fundamentos de la moralidad, igual que los filósofos pueden ser «edificados» por los resultados de la neurociencia contemporánea. (Obsérvese una vez más la presencia de juicios no científicos, puramente humanos, en esta manifestación: «legítimamente». ¿Se puede tener un interés ilegítimo en los fundamentos de la moralidad? ¿«Edificados»?)

Por supuesto que Ricoeur no pone en duda los descubrimientos científicos que han apasionado tanto a Changeux. (No tiene suficientes conocimientos especializados para hacerlo.) En cambio, apela a la experiencia. Si la realidad definitiva ha de describirse en términos de sustancia, dice, entonces la cuestión básica es si el ser humano está hecho de una o dos sustancias, de materia solamente o de materia y espíritu. ¿Es lo que llamamos «espíritu» o «alma» una sustancia aparte de propio derecho o puede reducirse a funciones puramente materiales?

En realidad, incluso resulta una simplificación excesiva hacer la pregunta de esta manera, es decir, una elección entre «dualismo espiritualista» o «monismo material». En vez de argumentar en este nivel, Ricoeur prefiere un análisis fenomenológico de la experiencia; es decir, deja de lado la cuestión de qué realidad es independiente de la experiencia humana. En particular, propone estudiar el lenguaje (la semántica) mediante el que expresamos nuestras experiencias: las palabras que utilizamos, las referencias a las que recurrimos para describirlas (tal como hacemos buscando palabras no científicas aplicadas a las experiencias de científicos, palabras como «pasión», «edificación», «festín» e «incognoscible»).

El punto de partida de Ricoeur es su convicción de que existen dos lenguajes, dos maneras de hablar, dos discursos utilizados para describir experiencias humanas; estos lenguajes no pueden reducirse recíprocamente ni derivarse uno del otro. Cada campo de estudio tiene lo que Ricoeur llama un «referente final», es decir, algo a lo que se puede apelar como último recurso. Sin embargo, este «referente final» no puede estar más allá del ámbito de los parámetros que «definen» el campo. La «perspectiva» característica de cada campo y su referente final son inseparables. En efecto, sería evidentemente erróneo elegir un referente final y aplicarlo a todos los campos de estudio. De la misma manera, sería un error interpretar este dualismo de palabras y significados como un dualismo de sustancias.

Consideremos ahora mi vulgarización. Este fue el argumento de Ricoeur. Comencemos con el término «cuerpo». Siempre me he maravillado de cómo los patólogos pueden hacer el amor. Dedican todo el día a cortar cuerpos y excavar en su interior; ¿cómo pueden evitar ver a otra persona como un cadáver andante, evitar pensar sólo en lo que hay dentro? Y, sin embargo, estoy seguro de que una patóloga puede dedicar todo el día a trabajar en el cadáver de un chico bien parecido, irse a su casa y hacer el amor con su marido, sin pensar jamás en su cuerpo como en el de un cliente potencial. En ambas escenas, la patóloga podrá utilizar la palabra «cuerpo» durante la conversación. En el trabajo, puede dictar sus hallazgos a una grabadora diciendo: «El cuerpo presenta esta o aquella contusión, el cerebro presenta esto o aquello, el corazón presenta tal y cual». En casa, podrá decirle a su marido: «Mi cuerpo te anhela. Estarás siempre en mi corazón. Me vuelves loca». Cuando ella habla de esta manera, su experiencia mental incluye la corpórea. Habla de un cuerpo real y concreto, el cuerpo de su marido. Pero ella no está hablando de él de una manera que le permita reducirlo a los cuerpos objetivos que estudian los científicos naturales. El cuerpo experimentado es semánticamente opuesto al cuerpo como objeto. Aquí tenemos dos «discursos» acerca del cuerpo, dos maneras en las que una misma persona utiliza una misma palabra: «cuerpo».

Mi sugerencia es que, con el fin de ser fiel a la experiencia de esa persona, lo que ella está tratando de comunicar, estas dos maneras se deben considerar como heterogéneas, inconmensurables y actuantes en esferas diferentes. No hay manera de reducir una a la otra. En ambos casos, existe una sola realidad detrás de la experiencia —el cuerpo—, pero para su plena comprensión, se necesitan ambos discursos. Este es el «dualismo semántico» requerido para dar cuenta de todas las experiencias de las que es capaz un único ser humano. Pero un dualismo semántico, la presencia de dos conjuntos de significados, no debería confundirse con un dualismo de la sustancia, la idea de que se ha estado hablando de dos cosas diferentes. En mi ejemplo anterior, este sería el caso si creyésemos que había dos clases de cuerpo: el examinado por la patóloga y el amado por la esposa. Por el contrario, hay una sola realidad, descrita por dos discursos o «lenguajes» diferentes.

Si podemos reconocer la necesidad del lenguaje de la ciencia y del lenguaje de la religión, se enriquecerán tanto la ciencia como la religión. Cada una de ellas nos dará una nueva percepción de la otra, ya que trasladamos las anteriores categorías dualistas hacia una comprensión unificada de la realidad —y la experiencia.

Sin embargo, nuestra noción de la realidad ha resultado disminuida por el prejuicio de que sólo será real aquello que se pueda comprender con el método científico. Examinemos nuestros propios prejuicios: ¿Acaso no es cierto que la mayoría de nosotros considera la descripción del cuerpo que hace la patóloga como la cosa real, en tanto que la descripción del cuerpo de su marido que hace la esposa es considerada meramente metafórica, poética y, por tanto, algo menos real? El discurso científico es considerado como racional; el «metafórico» o simbólico se considera irracional o más allá de la razón.

¿Por qué? ¿Por qué la forma simbólica no es tan racional como el criterio más bien limitado y restrictivo de las ciencias positivas? Casi todas las decisiones más importantes de nuestras vidas responden a «razones» no justificadas por el método experimental y matemático científico. La cuestión realmente importante, la que nos compromete como personas, está relacionada siempre con el cuerpo humano como *mi* cuerpo, y esta experiencia de pertenencia nos aparta del discurso científico. ¡Si tuviésemos que tomar decisiones basándonos únicamente en lo que el discurso científico nos permite comprender y explicar, no haríamos nada absolutamente valioso, incluido el sostenimiento del propio espíritu emprendedor científico! O sólo lo haríamos «siendo irracionales» la mayor parte del tiempo, cuando nuestras decisiones fuesen realmente importantes. En efecto, el discurso científico es una relación válida de lo real, pero no es la única. Se requiere otra, y una no puede quedar reducida a la otra.

Creo que esta es la causa por la que Ricoeur no cree que se pueda hallar un «referente final» común, sobre el que neurocientíficos y filósofos, permaneciendo dentro de las condiciones de sus propios ámbitos, puedan construir un discurso ético común. De cualquier modo, espero que esto sea lo que quiere decir. Aquí están sus palabras: «No veo un modo de pasar de un orden de discurso a otro: o bien hablo de neuronas y demás, en cuyo caso me encuentro en cierto lenguaje, o hablo de pensamientos, acciones y sentimientos que conecto con mi cuerpo, con el que estoy en una relación de posesión, de pertenencia».

¿Se han preguntado alguna vez cómo saben que tienen un cerebro? La experiencia personal les dice que tienen manos y piernas, pero no son conscientes directamente de que su cerebro está realizando sus operaciones. Tienen que aprender de la existencia del cerebro desde una fuente externa. En consecuencia, participan dos experiencias muy diferentes cuando digo: «Agarro con mis manos» o «Pienso con mi cerebro». Como dice Ricoeur, estas dos frases no son paralelas. En el primer caso, tengo una experiencia personal de lo que estoy diciendo y resultará afectada por cualquier cosa que aprenda sobre cómo trabajan las manos humanas. En el segundo caso, no hay ninguna experiencia personal detrás de mi afirmación. Todo lo que sé sobre ello proviene de mi exterior. Ninguna cantidad de información nueva y descubrimientos científicos sobre el cerebro cambiarán jamás mis experiencias personales. El mayor conocimiento sobre el cerebro no altera en absoluto cómo hablo normalmente sobre mí mismo, en términos de mis experiencias de la subjetividad. La neurociencia no puede construir simplemente un puente a través del dualismo lingüístico causado por la experiencia personal.

Changeux reconoce que dicho puente no se ha construido aún. Sin embargo, los «avances en el conocimiento reflexivo» pueden alcanzar aún la síntesis deseada. ¿Por qué cerrarle la puerta? Ricoeur responde que, independientemente de los descubrimientos que hagan los expertos en neurociencia, dichos descubrimientos serán los resultados de su método de investigación, y su debate atañe, precisamente, al método y no a los descubrimientos. Si la experiencia demuestra la existencia de estos dos discursos heterogéneos, también demostrará que se entrecruzan en muchas ocasiones. El cuerpo que se conoce es el mismo que se ha experimentado; la misma persona es «mental» y «corpórea» al mismo tiempo. Una vez me contaron que el gran filósofo Etienne Gilson dijo que, con el fin de comprender al ser humano, tenemos que afirmar, al mismo tiempo, la corporeidad de la persona y la personalidad del cuerpo. Una y otra vez, durante esta discusión, Ricoeur objeta que las palabras se han estado utilizando de acá para allá entre los dos discursos como si ambas tuviesen el mismo referente final. Como los referentes son diferentes, el lenguaje aparentemente común que el experto en neurociencia y el filósofo pueden construir no corresponde a experiencias personales integrales.

Y, sin embargo, los dos lenguajes, el de la ciencia y el de la religión, buscan expresar con claridad y comunicar algo acerca de *una* realidad. Como hemos observado lo que cada uno de los lenguajes puede expresar o no, esperamos adentrarnos en una comprensión más profunda de la realidad, o de la Realidad, que existe más allá de todos los esfuerzos y la capacidad de expresión humanos.

La cerveza auténtica

La decisión de afirmar o negar la dimensión trascendental de la vida humana y nuestro vínculo con el infinito es una cuestión de juicio razonable, un juicio en el que no se han suprimido las pruebas y en el que la «razón» requiere una apertura a la totalidad de factores presentes en cualquier situación. Si lo hacemos, «descubriremos» que la vida humana está orientada, en efecto, hacia el infinito por los «deseos del corazón». Los deseos del corazón animan todos los actos libres de autodefinición y autoexpresión. Estos deseos no conocen límite. Puesto que mi identidad como persona está constituida por estos deseos animantes, entonces mi identidad hallará su realización sólo en el infinito.

El infinito que buscamos no es la continuación inacabable de esta vida. Este infinito, que David Schindler llama el «infinito malo», sería realmente insoportable. Vivir para siempre es una perspectiva terrible. Por eso es que muchas personas que no creen en una vida después de la muerte ven acercarse el fin sin temor, especialmente si han tenido una vida fructífera, productiva. Algunos esperan pervivir en sus descendientes, en sus contribuciones a la sociedad o a una causa noble. Otros se imaginan que ya han tenido su turno en la vida y que esto es todo lo que buenamente pueden pedir. Al fin y al cabo, es el momento de desvanecerse con la mayor gracia posible, como el cervato que, atrapado ahora entre los dientes del tigre, se abandona definitivamente y parece sereno.

No deseamos el infinito cuando deseamos una cantidad infinita de dinero. No deseamos el infinito cuando deseamos un número infinito de alternativas para nuestras elecciones o compromisos. El infinito que deseamos no es un ámbito ilimitado de acción. Entonces, ¿qué cosa es?

Haciéndonos eco de San Agustín, preguntamos: «¿Qué busco cuando busco el Infinito?». El infinito que nuestro corazón desea no es un tiempo interminable, una sucesión lineal de momentos que continúan para siempre. No importa cuánto tiempo vivamos, este deseo permanece. Quizás de manera irónica, el infinito que el corazón desea está dentro de lo limitado, dentro de lo particular, dentro de lo concreto. Es una cuestión de «calidad» y no de «cantidad». No se mide con números, sino con la intensidad de la realización.

Digamos que le gustaría tomarse un buen vaso de cerveza fría en un día de calor sofocante. En un día así, experimenta el deseo y pide la cerveza. Una amiga le sugiere que pida una nueva cerveza que a ella le gusta mucho. La prueba. Es exactamente lo que había estado buscando, es decir, se corresponde perfectamente con su deseo. Entonces dice: «Caramba, es riquísima. Es buena de verdad. ¡Es la cerveza auténtica! Da ciento y raya como ninguna otra cerveza». Su respuesta no significa que todas las demás cervezas que usted ha probado no fuesen cervezas auténticas. Desde una perspectiva «científica», aquellas también eran cervezas. Pero su «discurso» ha cambiado. Ahora está hablando desde otra perspectiva: la perspectiva de la realización.

La eternidad o el infinito deseado por nuestros corazones, como esa «cerveza auténtica», es la satisfacción perfecta de nuestros deseos limitados y concretos. Por decirlo así, no es algo añadido a ellos, más allá de ellos. Es la satisfacción perfecta hacia la cual van a parar estos deseos. Como ven, es cerveza auténtica, porque les satisface más que las otras. Tanto esta cerveza como las otras son cervezas auténticas desde el punto de vista científico, pero desde un punto de vista personal, una es más auténtica que otra. En consecuencia, lo que deseamos no es un infinito en el tiempo, una eternidad en la duración, sino una calidad de la realización. La palabra «eternidad» se refiere a la calidad, a la capacidad de satisfacer. Por tanto, los deseos de cosas concretas en esta vida apuntan a esa realidad definitiva que satisface perfectamente, igual que la cerveza auténtica indica la cerveza auténtica infinita.

Un aliciente muy hermoso podrá satisfacerle durante un tiempo, pero no podrá satisfacerle plenamente. Lo que usted desea es lo que Jesús llamó el «agua de la vida», que se convierte en un manantial interior. No tiene que regresar una y otra vez a él. La belleza y los placeres le satisfarán, pero tendrá que seguir volviendo a ellos para satisfacerse, para que lo realmente auténtico le satisfaga para siempre. Así las realidades particulares son indicaciones o símbolos de realidades eternas. Lo particular y lo limitado son señales o símbolos de lo ilimitado y lo infinito.

La espiritualidad, la eternidad y el misterio no son «añadidos», es decir, no son realidades añadidas a las realidades que encontramos cada día. En cambio, son la verdad definitiva de dichas realidades diarias. En este sentido, no podemos decir «cuerpo más alma», como si el «alma» fuese la verdad definitiva de lo material. Del mismo modo, no podemos decir «mundo» y «Dios». El Misterio en sí, la realidad llamada Dios, no está añadida a «mundo» para crear un sentido pleno de vida. ¡Dicha simple adición priva a Dios de la divinidad! En la terminología de Nietzsche, se mata a Dios y, así, no sorprende que no podamos hallar ninguna «evidencia» de su realidad trascendente. Como ocurre con «cuerpo» y «alma», Dios es la verdad definitiva del mundo material. Debemos buscar la trascendencia simultánea de Dios (su existencia más allá de la realidad material) y la inmanencia (su existencia dentro de ella) en las particularidades de la existencia.

Cuando carecemos de la experiencia de la trascendencia y la inmanencia simultáneas de Dios, nuestros corazones buscan lo infinito en lugares equivocados. En vez de una «cerveza auténtica», bebemos vaso tras vaso de «cervezas» que jamás estarán a su altura. A lo sumo, nos «embriagaremos» y caeremos redondos. Nuestro deseo de lo Infinito se mantendrá insatisfecho hasta que el propio Infinito nos llene.

Y así ocurre que las «cervezas» de la ciencia, en sí y por ellas mismas, no pueden calmar nuestra sed de Infinito. No obstante, el método científico de investigación de la realidad es un maravilloso logro humano. La ciencia fue mi primer amor y como dice la canción:

Un viejo amor ni se olvida ni se deja;
un viejo amor de nuestra alma sí se aleja,
pero nunca dice adiós.

Jamás diré adiós a la ciencia ni ella tampoco me dirá adiós a mí, aun cuando yo continúe buscando deseos infinitos de mi corazón.

Mi amor por la ciencia no representa una amenaza a mi fe, ni mi fe o experiencia religiosa son una amenaza para mi comprensión de la ciencia. Los deseos de mi corazón en cuanto a conocimiento y verdad —tanto racionales como irracionales— me seducen y alimentan mi búsqueda del Infinito, el Infinito que abarca toda la realidad.

L'Eternel

Recuerdo una noche de 1979. Estaba en el Vaticano, en una de sus maravillosas salas cubiertas de hermosos frescos, donde se celebran las audiencias con el Papa. En esta ocasión, el papa Juan Pablo II había convocado a todos los cardenales del mundo, funcionarios del Vaticano, el Cuerpo Diplomático y miembros de la Academia Pontificia de las Ciencias, para una celebración en honor de Albert Einstein con motivo del centenario de su nacimiento. El orador era el físico Paul Dirac, a quien Stephen Hawking llamó el físico más influyente del siglo XX, después de Einstein. Dirac había sido uno de mis héroes cuando yo estaba estudiando Física, por lo que me sentía emocionado de poder entrar a hurtadillas en el evento, participando como secretario de uno de los cardenales.

El discurso de Dirac fue extraordinario, pero presentó en esencia un documento técnico-científico que el 98 % de la audiencia posiblemente no entendió. Lo lamenté por ellos, que se movían intranquilos en sus incómodas sillas, intentando no quedarse dormidos. Pero cuando me dijeron que estábamos en la sala en la que se había condenado a Galileo, no pude dejar de pensar: «¡Ah, entonces, dejémosles que hagan penitencia!». Sin embargo, el Papa parecía muy contento. Para él, fue una celebración del espléndido festín de la razón. Durante ese breve instante, sentí que la ciencia había vuelto a casa de nuevo.

Mi propia labor científica no ha sido apasionante, porque a diferencia de Pollack o Singer, no he tenido que esperar hasta ser más «maduro». Fue una cuestión de seguir adelante por la senda de una orientación intensamente personal, no sólo de mi vida, sino de mi «Yo». Debido a la inquietud de mi corazón, mi interés fue desde lo mensurable y finito hasta lo inmensurable e infinito.

Comprendí que cuando actúo libremente para expresar mi yo más profundo, mi identidad, mantengo un diálogo con el Misterio, con *l'Infini*, con *l'Éternel*. (Suena mejor en francés.) Mantengo un diálogo no sólo con mi cerebro, sino con mi cerebro y todo mi cuerpo. En este diálogo, mi cuerpo participa en una realidad que supera con creces sus capacidades biológicas, tal como la ciencia las describe.

Lo que ocurra cuando yo muera dependerá de mi participación en este diálogo, en esta conversación que me define. Si fuese sólo un monólogo, entonces todo habría acabado efectivamente. Pero mi experiencia me dice que lo que estoy buscando no es identificable conmigo. Es un Otro. Lo que me define es esta conversación con este Otro, esta «oración». La vida de mi yo más profundo es esta conversación. En consecuencia, no puede concebir la destrucción total de quien soy, puesto que el Otro en este diálogo es el «autor» de mi vida. Como dice la Biblia, Dios es el Dios de la vida y no de la muerte. Es todo lo que puedo colegir razonablemente de mi experiencia presente.

EL GRAN LAMENTO:
¿POR QUÉ HAY QUE SUFRIR?

¿Maldecir el Infinito?

J amás intentaría «ofrecer una respuesta» al problema que el sufrimiento plantea a los creyentes. El sufrimiento no es un problema que se pueda resolver, sino un misterio que hay que vivir. Como cristiano católico, veo el problema del sufrimiento como parte inseparable de la cruz de Jesús. Pero esta no es la perspectiva que he adoptado en estas páginas, porque no hablo sólo para otros cristianos. Deseo hablar de experiencias que hemos tenidos todos, porque somos seres humanos, independientemente de nuestra creencia.

Recuerdo lo que François Mauriac, escritor católico francés, escribió en su introducción a *The Night Trilogy* (La trilogía nocturna) de Elie Wiesel. Siendo un joven periodista de un diario de Tel Aviv, Wiesel había entrevistado a Mauriac. Muy pronto entablaron una conversación personal sobre el Holocausto. Mauriac le contó a Wiesel que su esposa había sido testigo de cómo se apartaba a niños judíos de sus madres en la estación de ferrocarril de Austerlitz y que, aunque desconocía lo que les esperaba en los campos, se había horrorizado. Mauriac escribió: «Creo que ese día toqué por vez primera el misterio de la iniquidad cuya revelación iba a marcar el fin de una era y el comienzo de otra. El sueño que el hombre occidental había concebido en el siglo XVIII, cuya aurora pensó que se había visto en 1789 [el inicio de la Revolución Francesa] y que, hasta el 2 de agosto de 1914, se había fortalecido con el avance de la Ilustración y los descubrimientos de la ciencia, ese sueño se desvaneció definitivamente para mí ante aquellos trenes cargados de niños pequeños. Y, sin embargo, estaba a miles de kilómetros de distancia del pensamiento de que iban a convertirse en combustible para la cámara de gas y el crematorio».

Mauriac no puede ayudar, pero piensa en las implicaciones religiosas de este horror. En su introducción, escribe acerca de la propia experiencia de Wiesel: «El niño que nos cuenta aquí su historia fue uno de los elegidos por Dios. Desde el instante en que su conciencia despertó por vez primera, había vivido sólo para Dios y se había educado sólo en el Talmud, aspirando a iniciarse en la cábala, dedicado al Eterno. ¿Hemos pensado alguna vez en las consecuencias de un horror que, aunque menos evidente, menos chocante que otras atrocidades, es aún lo peor de todo para aquellos de nosotros que tenemos fe: la muerte de Dios en el alma de un niño que descubre de repente el mal absoluto?».

Las propias palabras de Wiesel acerca de su experiencia son sobrecogedoras: «Jamás olvidaré aquellas llamas que consumieron mi Fe para siempre... Jamás olvidaré aquellos momentos que asesinaron a mi Dios y mi alma, convirtiendo mis sueños en cenizas. Jamás olvidaré estas cosas, aun cuando sea condenado a vivir tanto como Dios Mismo. Jamás». Estas palabras no son ficción ni hipérbole. Son la vida real. Recordando su presencia siendo niño en la fiesta de Rosh Hashanah (Año Nuevo judío), Wiesel escribió: «Ese día, dejé de suplicar. No fui capaz de continuar lamentándome. Por el contrario, me sentí muy fuerte. Yo era el acusador y Dios, el acusado. Mis ojos estaban abiertos y yo estaba solo —terriblemente solo en un mundo sin Dios y sin hombre. Sin amor o misericordia. Tuve que dejar de ser cualquier cosa menos cenizas, aunque me sentí más fuerte que el Todopoderoso, a quien mi vida había estado unida durante tanto tiempo».

Cada fibra de mi propio corazón vibra con esta protesta angustiosa. También me uniría a Wiesel, Mauriac y todos los que han experimentado estos horrores en su maldición a esta faz del Infinito. Y, sin embargo, hay algo más en mi corazón que no va a desaparecer: la certidumbre de que esta ira no puede ser, y no puede permitirse que sea, la última palabra sobre la vida humana.

La última palabra tiene que ser la esperanza del mismo corazón que le hace aún protestar, maldecir contra el Misterio infinito, que permite que ocurran semejantes horrores.

¿Por qué, por qué, por qué, por qué, por qué?

¿Qué es el sufrimiento humano? El sufrimiento no es lo mismo que el dolor. El dolor es un síntoma que indica que algo va mal en uno o más de los tres niveles de la conciencia humana: físico, psicológico y espiritual.

Todos podemos comprender el dolor físico. Yo diría que el dolor psicológico es un dolor emocional, una herida en nuestras relaciones con los demás y con el mundo que nos rodea. El dolor espiritual es la experiencia de algo que se ha extraído de nuestra propia identidad, de la pérdida de una parte de nuestra identidad. Cuando esto ocurre, hace daño ser quien uno es. En los casos graves, perdemos nuestra experiencia de quiénes somos. En todos estos niveles —físico, psicológico y espiritual—, el dolor es como un S.O.S., un grito pidiendo ayuda, pidiendo la «salvación».

El sufrimiento se produce cuando buscamos comprender la razón por la que duele, no la causa del dolor, sino la razón por la que se produce: la «razón definitiva», si se quiere, por «la cual esto sucede».

El sufrimiento se puede eliminar de tres maneras. Una de ellas consiste en eliminar la fuente del dolor. Otra es simplemente no preguntar por qué, suprimir el cuestionamiento. La tercera consiste en suprimir el yo que sufre, intentar escapar de la pura experiencia del ser único e irrepetible. Podemos intentar vernos simplemente como una muestra individual de algo mucho mayor que uno mismo (la «humanidad», por ejemplo) o podemos buscar la trascendencia, ir más allá, dejar atrás el obstáculo del propio conjunto y desprendernos absolutamente de todo, sin preocuparnos por nada.

Siento más simpatía por la primera manera de eliminar el sufrimiento, es decir, deshacerse de él. Aun cuando reconozco que el dolor me alerta de un peligro al que tendré que enfrentarme y, en este sentido, «acepto» mi dolor, sigo queriendo deshacerme del dolor. Supongo que, en casos extremos, no me preocuparía en absoluto del peligro del que me está advirtiendo el dolor. Diría: pues que venga el peligro, sólo que me libren de este dolor insoportable. En cuanto a la segunda manera de aliviar el sufrimiento —suprimiendo el cuestionamiento—, la rechazo total, enérgica, apasionada, completa e incondicionalmente, siempre y en todas las circunstancias. ¿Es mi posición lo suficientemente clara? En ningún momento dejaré de preguntar por qué. Preguntar por qué es ser humano; es el corazón del ser humano. A los que me dicen que desconecte, que acepte sin preguntar por qué, respondo: «¿Por qué, por qué, por qué, por qué, por qué?». Espero que mis últimas palabras al morir sean esta pregunta: «¿Por qué?». Quizás el sufrimiento sea excesivo y deje de preguntar, pero si lo hago, no habré muerto como ser humano. La última vez que haya estado vivo como ser humano será cuando pregunte por última vez el por qué. Ser humano es ser un «por qué» encarnado. El libro de Job en las Escrituras Hebreas es uno de los ejemplos más impresionantes de esta insistencia en la pregunta de por qué el dolor. El rechazo de Job a las «explicaciones» de sus amigos resuena en los corazones de todos los que sufren.

Admito que ahora y después, la tercera manera de eliminar el sufrimiento —es decir, escapar del obstáculo del yo— me tienta. En realidad, desde un punto de vista puramente «religioso», esta vía de escape del sufrimiento al disolver el «Yo» en algo mayor, esta conciencia de no ser nada, es estéticamente obsesionante. Este es el peligro de la religión, que te tienta a pensar de esta manera.

Pero no quiero ignorar el sufrimiento; quiero eliminarlo. Esto significa que, de alguna manera, se ha respondido al «por qué». Una vez más, volvemos a esa persistente demanda del sentido. Se puede suprimir el cuestionamiento, pero la cuestión —y quien cuestiona— seguirán ahí y nada lo provoca más que el sufrimiento. Esto es cierto no sólo en lo que a nuestro propio sufrimiento se refiere, que supongo que podemos entrenarnos para ignorarlo, sino que es cierto también respecto al sufrimiento de alguien que amas, el sufrimiento del inocente y, sobre todo, el sufrimiento de los niños, en especial el de los propios hijos. Cuando una persona amada o inocente sufre, la cuestión del por qué, la demanda de justicia, surge del corazón humano y echa abajo todos los intentos de suprimirla. Gritamos con el Iván Karamazov de Dostoievski: «Por qué me inquieta que no haya ningún culpable y que yo lo sepa. Necesito un justo castigo, de lo contrario, me destruiré a mí mismo. Y no un justo castigo en algún lugar y en algún momento en el infinito, sino aquí y ahora, sobre la tierra, de manera que pueda verlo con mis ojos. He creído, y quiero verlo yo mismo, y si estuviese ya muerto, que me hagan resucitar, porque sería muy injusto que todo ello ocurriese sin mí. ¿Es posible que haya sufrido tanto que, junto con mis hechos malvados y sufrimientos, deba ser abono para la armonía futura de algún otro? Deseo ver con mis propios ojos a la cierva yaciendo con el león y al hombre asesinado levantarse y abrazar a su asesino. Deseo estar ahí cuando alguien descubra de repente para qué sirvió todo ello».

Preguntar el porqué significa tener alguna idea de cómo *deberían* ser las cosas que están en pugna con la realidad presente. Preguntamos el porqué, porque el sufrimiento rompe nuestro esquema mental de cómo deberían ser las cosas. El sufrimiento destroza nuestra cosmovisión, nuestros supuestos acerca de la vida. Preguntamos el porqué ante la imperfección inexplicable. Preguntar el porqué nos conduce más allá de nuestras nociones preconcebidas hacia algo más. El impulso de preguntar el porqué amplía nuestro modo de pensar, así como de hablar.

Sin esta experiencia de la imperfección, jamás necesitaríamos preguntar el porqué. Todo sería evidente o se explicaría por sí mismo de inmediato. Pero hacer una pregunta significa, de algún modo, estar convencido de que es posible una respuesta, de que existe un esquema superior de sentido, que nos permitirá hacer frente a la alteración que ha invadido la vida y destruido su lógica. Sufrir es estar convencido de que existe en alguna parte una fuente de sentido, aun cuando siempre se halle más allá de nuestra capacidad de valoración y comprensión. De lo contrario, ¿por qué preguntar entonces? De lo contrario, no tiene sentido protestar, demandar justicia o, como hace Iván Karamazov, pedir un castigo justo. La alternativa al cuestionamiento del sentido del sufrimiento es la aceptación del *status quo*.

Eliminar el cuestionamiento es rendirse ante el *status quo,* aceptar ser definido por cualquier poder que domine el *status quo*. Pero el sufrimiento es el grito de libertad en un corazón humano que se niega a ser definido por cualquier poder. Así pues, el sufrimiento es una señal de esperanza.

Los peligros de la ternura

El cuestionamiento de la esencia del sufrimiento se enfrenta a su máximo reto ante la presencia de la muerte. El sufrimiento a la luz de la muerte revela la gran pregunta que nos distingue como humanos. La muerte nos incita a plantearnos la pregunta acerca del sentido último y nos obliga a buscar una respuesta en la dimensión espiritual de la interioridad, es decir, el deseo fundamental de trascendencia en el corazón humano.

En su ensayo «Introduction to a Memory of Mary Ann» (Introducción a una biografía de Mary Ann), Flannery O'Connor muestra cómo la incomprensión de los niveles más profundos de la vida afecta el modo en que tratamos la imperfección y el sufrimiento. O'Connor había recibido una solicitud de la Hermana Superior del Hogar Oncológico Nuestra Señora del Perpetuo Socorro, pidiéndole que contase la historia de Mary Ann, una joven que había sido admitida en 1949, a los tres años de edad, con un cáncer incurable y que había vivido allí hasta cumplir los doce. La niñita había nacido con un tumor en un lado de la cara, que la desfiguraba por completo; se le había extirpado un ojo y la enfermedad se extendía. Mary Ann había influido de manera formidable en la vida de este hogar durante los nueve años que estuvo en él. O'Connor aceptó de inmediato escribir una introducción al manuscrito que habían redactado las hermanas. La primera línea ya era maravillosa: «Las historias sobre niños piadosos suelen ser falsas». Eso en cuanto a un enfoque sentimental, inspirador del sufrimiento.

Resultó que la fundadora de la orden religiosa de las hermanas que llevaban la casa era Rose Hawthorne, la hija de Nathaniel Hawthorne, escritor norteamericano del siglo XIX. O'Connor imaginó que Rose se había basado en las ideas que su padre había expresado en vida y en algunos de sus cuentos. En particular, O'Connor pensaba en un cuento titulado «La marca de nacimiento», en el que una mujer llamada Georgiana lleva una marca de nacimiento en el rostro. Su marido, Alymer, piensa que esta mancha impide que su belleza sea «perfecta». Un día, según escribió Hawthorne: «Alymer estaba sentado contemplando a su mujer con una preocupación en el semblante que iba acentuándose hasta que se decidió a hablar. "Georgiana —dijo—, ¿no se te ha ocurrido nunca que quizás se pueda eliminar la marca que tienes en tu mejilla?" "No, en absoluto —le respondió ella, sonriendo; pero al percibir la gravedad del tono, se sonrojó intensamente—. Para decirte la verdad, han afirmado con tanta frecuencia que era un atractivo que yo he sido tan simple que me lo que creído." "Bueno, es posible que fuese así en otro rostro —replicó el marido—, pero jamás en el tuyo. No, queridísima Georgiana, la mano de la Naturaleza te ha hecho casi tan perfecta que este defecto tan leve, que dudamos de si llamarlo defecto o hermosura, me disgusta, como si fuese la marca visible de la imperfección terrenal." "¡Te disgusta, esposo mío! —exclamó Georgiana, herida profundamente, enrojeciendo primero por una ira momentánea, para después estallar en lágrimas—. Entonces, ¿por qué me llevaste del lado de mi madre? ¡No puedes amar aquello que te disgusta!"».

Quien se siente disgustado por «imperfecciones» no puede responder adecuadamente al sufrimiento, porque no emprenderá la búsqueda de un nivel más profundo de la vida, hacia el cual pudiera apuntar la llamada «imperfección».

En «La marca de nacimiento», Alymer se siente empujado a eliminar la «imperfección» de su mujer mediante la cirugía. Las hermanas que cuidaron de Mary Ann, las hermanas espirituales de Rose Hawthorne, tal como escribió O'Connor, «no se disgustaban por nada y... amaban tanto la vida que dedicaron sus propias vidas a aliviar las de aquellos que tenían un cáncer incurable avanzado».

Cuando Mary Ann murió, el obispo que dio el sermón de difuntos dijo que el mundo se preguntaría por qué Mary Ann tuvo que morir a los doce años. Pero O'Connor comenta: «El Obispo estaba hablando para su familia y sus amigos. No podía estar pensando en ese mundo, mucho más lejano ahora en todas partes, que no se preguntaría por qué Mary Ann tuvo que morir, pero sí, en primer lugar, por qué nació... Los Alymers, a quien Hawthorne vio como una amenaza, se han multiplicado. Ocupados en cortar las imperfecciones humanas, están avanzando también en la materia prima del bien... Con esta piedad popular, ganamos en sensibilidad, pero perdemos visión. Si otras épocas sentían menos, sin embargo, veían más, aun cuando viesen con el ojo ciego, profético, nada sentimental de la aceptación, que quiere decir, de la fe. Ahora, en ausencia de esta fe, nos regimos por la ternura. Es una ternura... envuelta en teoría. Si la ternura se separa de la fuente de la ternura, su resultado lógico será el terror. Termina en los campos de trabajos forzados y los humos de la cámara de gas». Es decir, nuestra piedad se convierte en un instrumento de destrucción.

Veintisiete años más tarde, Walker Percy escribió acerca de los «teóricos» y los «amantes» de la humanidad, como ya hemos comentado antes. Percy utilizó casi exactamente las mismas palabras acerca de la ternura que O'Connor, aunque sostuvo que no estaba familiarizado con el ensayo de ella. En su libro de ciencia-ficción titulado *The Thanatos Syndrome* (El síndrome de Tánatos), existe un acuerdo secreto entre los miembros de una comunidad médica y algunos miembros del gobierno federal para eliminar el crimen en una zona particular, añadiendo ciertos productos químicos al suministro de agua. De esta manera, se eliminaba la «imperfección» humana. Pero con ella, desaparecían otras cosas, como la capacidad para comprometerse, conmoverse, indignarse y demás emociones intensas. Un psiquiatra que estaba «pasando el tiempo» en esta comunidad debido a su anterior conducta profesional poco ética nota que algo va mal en las vidas de estas personas y, por casualidad, descubre el plan. Percy habla principalmente a través del personaje de un sacerdote excéntrico, que se convierte en amigo del psiquiatra. El sacerdote recuerda a un médico que conoció en Alemania, conmovido hasta las lágrimas por el sufrimiento de los niños. Al final de la guerra, el sacerdote descubre que el médico había experimentado con niños judíos «imperfectos» en un campo de concentración con el fin de hallar remedios para las enfermedades que afligían a niños perfectos racialmente. Su «ternura» era puro sentimentalismo. Cuando esto ocurre, decía el sacerdote, el camino lleva a las cámaras de gas.

La muerte acumula todas las «imperfecciones» que nos desafían en una expansión creativa del horizonte de nuestras vidas. Nos hace frente primero en la muerte de los que amamos, porque nuestra identidad no puede separarse de la de ellos. Lo que nos es más íntimo, nuestra identidad, es lo más dependiente de los demás. Cuando el sentido de identidad de cualquier persona disminuye, está disminuyendo también la red completa de relaciones interpersonales. Toda muerte es una anticipación de mi muerte, me conduce a cuestionarme mi identidad. Recordemos cómo San Agustín reacciona ante la muerte de su amigo en las *Confesiones:* «Me he convertido en un acertijo de mí mismo».

Así ocurre con todos los sufrimientos. Nos obligan a considerar detalladamente las grandes cuestiones de la vida. De hecho, el pensamiento real no puede ocurrir sin el sufrimiento. El pensamiento creativo, que amplía nuestro horizonte existencial, es una súplica a la fuente del significado y el sentido. Esto es lo que distingue el pensamiento creativo de la especulación.

Al decir «por qué» cuando nos quejamos de toda injusticia, ya estamos dirigiendo nuestros pensamientos hacia algo distinto de nosotros mismos. Cuando preguntamos el porqué, ¿a quién estamos preguntando? De repente, comprendemos que estamos manteniendo una conversación con el misterio. El sufrimiento es un diálogo con el Misterio.

Luchar por
la propia identidad

El sufrimiento es ese diálogo con el Misterio, que busca descubrir el fin del drama humano. El Misterio con el que dialogamos no es otra cosa que el Autor de la vida. El fin de este diálogo es aprender cómo vivir ahora una vida plena y responsable a la luz de lo Trascendente. Hacerlo es sufrir «creativamente».

Sin embargo, este diálogo de sufrimiento con el Misterio presupone que se ha de hacer todo lo razonablemente posible para eliminar el dolor. Por ejemplo, se supone que el dolor físico o psicológico ha sido suprimido con la medicación apropiada o, mejor aún, que se ha eliminado la causa de ese dolor. Quedar paralizado por el dolor no es un sufrimiento creativo.

No obstante, si intentamos a toda costa evitar o eliminar el dolor, estaremos también recortando la posibilidad de cuestionar y pensar, lo que conduce a una comprensión que trasciende las realidades de la vida tal como las conocemos y experimentamos. Esto es particularmente cierto cuando intentamos eliminar el dolor espiritual. ¿Cómo se elimina el dolor espiritual, si no conduce a un sufrimiento creativo? Utopías, teorías, ilusiones, ídolos, mentiras e ideologías, todos ellos intentan suprimir el dolor espiritual, de manera que no conduzca al cuestionamiento que yace en la esencia del sufrimiento creativo. Son algo así como una anestesia para el dolor espiritual. Si las aceptamos a cambio de un desarrollo a través de nuestro dolor, experimentaremos una esterilidad espiritual.

Tenemos que continuar cuestionando, porque esto nos conduce a la trascendencia. Un gran sufrimiento, como el experimentado el 11 de septiembre de 2001 y con posterioridad, nos hace cuestionarnos, preguntar el porqué. Hacemos nuestra pregunta a amigos y familiares, a los peritos de policías extranjeras, a grupos de expertos y recibimos toda clase de explicaciones. Pero estas explicaciones no nos satisfacen porque, en realidad, no estamos dirigiendo nuestro «por qué» a las personas que nos rodean. En cambio, a menudo sin comprenderlo, dirigimos nuestro «por qué» a la Fuente del significado. Buscamos un rostro que sea el responsable definitivo de todo. Entonces, en esencia, no estamos buscando explicaciones. Buscamos algo más: buscamos la salvación, la redención. Cuando sufrimos, nos dirigimos hacia la trascendencia preguntando el porqué. En el momento en que dejamos de preguntarnos el porqué, aceptamos menos de lo que requerimos como humanos.

Sólo cuando el sufrimiento nos obliga a dirigirnos al Misterio en segunda persona —es decir, cuando reconocemos nuestro encuentro directo e íntimo con el Misterio en nuestro sufrimiento—, podemos hablar de las posibilidades redentoras del sufrimiento o del sufrimiento creativo. Esta es la única respuesta a si el sufrimiento es digno de los seres humanos. Cualquier otra cosa niega la realidad o extingue un aspecto crucial e importante de nuestra vida como personas.

El sufrimiento es un clamor de salvación y la réplica a ese clamor debe ser su redención. Esto puede venir sólo del Misterio percibido como el Autor del drama humano. De lo contrario, permaneceremos en el nivel del dolor; seremos prisioneros de él, en vez de ser capaces de comprender la realidad de la trascendencia en su interior. Esto sería la muerte de la vida personal, la muerte de la libertad. Seríamos incapaces de dialogar. Nuestra vida sería un monólogo. Por el contrario, sufrir es luchar por nuestra identidad. Es luchar por el Misterio que asegura nuestro vínculo con la trascendencia. El sufrimiento creativo es profético. Nos impulsa hacia un futuro trascendente y dirige nuestra mirada hacia ese futuro que se haya más allá de los confines del actual horizonte de la vida.

En una cultura como la nuestra, que ve todo en términos de cómo funciona, el concepto de sufrimiento creativo es incomprensible y se ve el propio dolor como un error o un problema que hay que arreglar. Por supuesto que así es cómo los poderes políticos, económicos, religiosos o ideológicos se mantienen a sí mismos, afirmando su capacidad para arreglar problemas. Por esta razón, el sufrimiento creativo es revolucionario: es la manifestación y el precio de la libertad. El sufrimiento creativo rechaza aceptar las explicaciones y los consuelos del poder. En cambio, en el diálogo del sufrimiento, nos hacemos más profundamente humanos en la medida en que nos afanamos por alcanzar la trascendencia. Esta es la esencia del sufrimiento creativo y es aquí donde se afirma nuestra identidad.

Sufrimiento colectivo

E n el programa «El Papa del Milenio», Germaine Greer habló de modo conmovedor acerca del sufrimiento y de Dios, por lo que se me pidió que respondiese a su lamento. Aunque atea confesa, Greer, con lágrimas en sus ojos, expresó de forma conmovedora su profundo aprecio por la música religiosa como clamor humano hacia una Presencia que «no estaba ahí». A continuación, ante los sufrimientos de los niños en África, añadió: «Si Dios existe, le odio».

¿Qué puedo decirle como respuesta? No sólo hubiese sido insultante una respuesta religiosa prefabricada, sino que también encuentro en mi interior el eco de sus palabras. Sé que sus palabras venían del corazón. Pensé que eran auténticas en el más estricto sentido de la palabra, que reflejaban honradamente a la autora que las había pronunciado. Recordé que el escritor y filósofo existencialista Jean Paul Sartre había visto esa autenticidad personal como algo parecido a la santidad. Germaine Greer es esa clase de santa. Espero que a ella no le importe la apelación. La utilizo para demostrar mi respeto hacia aquellos que, ante el sufrimiento humano, no pueden creer en Dios.

El afán por alcanzar la trascendencia, el sufrimiento creativo —tal como lo hemos visto expresado en las palabras angustiadas de Germaine Greer— nos abren a otros que sufren también, creando así una solidaridad entre todos los que sufren. Sufrir juntos significa caminar juntos hacia la trascendencia. Esta solidaridad es la respuesta humana adecuada al sufrimiento. No significa que «compartamos el dolor» de los que sufren. Aunque esta frase se utiliza con bastante frecuencia, pienso que es imposible. Nada es más íntimamente personal que el dolor del sufrimiento. Después de todo, es una herida en nuestra identidad personal y la identidad personal no se puede compartir. Cada persona es única e irrepetible. Lo que compartimos es el cuestionamiento y, así, sufrimos con el que sufre. «Sufrimos colectivamente» con esa persona.

Como el sufrimiento refleja la trascendencia del ser humano, como apunta a un Misterio que es el autor del drama de la vida humana, no podemos utilizar realmente el sufrimiento para negar la existencia de Dios. En cambio, como hay un Dios, ese sufrimiento existe tal como lo experimentan los seres humanos. El sufrimiento de los seres humanos es una señal de Dios. A qué se parece este Dios ya es otra cuestión.

Estoy recordando *A Grief Observed* (*Una pena en observación*), la autobiografía de C. S. Lewis. Escribió acerca de su sufrimiento como resultado de la muerte de su esposa (y su sufrimiento durante la lucha contra ella, especialmente cuando sus esperanzas, alentadas por lo que parecían intervenciones milagrosas, quedaban defraudadas por un empeoramiento de la enfermedad). Este sufrimiento no le hizo dudar de la existencia de Dios, pero sí de su bondad. Si no es posible comprender el significado del sufrimiento, no se podrá entender esta respuesta ante el sufrimiento insoportable. Pero tanto los comentarios de Lewis como los de Greer son, a la vez, una acusación y un reconocimiento de la trascendencia.

No sorprende que, según algunos estudiosos de las Sagradas Escrituras, el Evangelio según San Juan presente el sufrimiento de Jesús como un juicio en el que Dios es el acusado, Satán es el acusador y nosotros somos el jurado. Sufrir colectivamente es estar dispuesto a participar en el jurado del juicio de Dios y arriesgar nuestra propia fe identificándonos con aquellos que sufren en su cuestionamiento de Dios. Incluso si quien sufre no puede continuar comunicando o expresando la experiencia del sufrimiento, tendremos que plantear esta pregunta indecible en palabras idóneas para el que sufre. Debemos establecer esa solidaridad, arriesgar nuestra fe e identidad, establecer una relación humana con el que sufre y clamar juntos ante Dios.

Por tanto, el sufrimiento auténtico es un diálogo, no sólo con Dios, sino también entre los humanos. Sufrir colectivamente es compartir la pregunta de «por qué», ser compañero y caminar juntos hacia la trascendencia.

Quien no sufre colectivamente y no está preparado para hacerlo no puede hablar del sufrimiento. Esta persona no conoce la verdad y no dice la verdad. Esta persona es un «mentiroso» o un «impostor», para utilizar las palabras de Walker Percy. El sufrimiento colectivo es la única respuesta adecuada, una vez enfrentados al sufrimiento de otra persona. Es la única manera de respetar el sufrimiento ajeno. El sufrimiento colectivo afirma la identidad personal herida de quien sufre mediante nuestra voluntad de exponer nuestra identidad al cuestionamiento provocado por el dolor del sufridor. Esta voluntad de compartir el sufrimiento es un acto de amor. El sufrimiento colectivo es la manera que tenemos de amar a quien sufre.

En nuestra relación con la persona que sufre, nosotros, como sufridores colectivos, no podemos imponer nada a la otra persona. Sólo podemos ayudarle haciendo la pregunta de «por qué», preguntando juntos, es decir, orando juntos. Orar junto con la persona que sufre es la respuesta precisa al sufrimiento.

La respuesta más cruel al sufrimiento es el intento de explicarla, decirle a quien sufre: «Ha ocurrido por esto, lamento que no puedas ver la respuesta, pero está clara para mí». Cuando los apóstoles vieron a un hombre que había nacido ciego, por ejemplo, preguntaron a Jesús si esto se debía a sus pecados o a los pecados de sus padres. Jesús rechazó esta explicación: él no sufría por sus pecados ni por los pecados de sus padres; sufría para manifestar la gloria de Dios.

Buscar una respuesta en el pasado es reducir el sufrimiento a un problema funcional. La mentalidad funcional explica todo en términos de causas pasadas. Esto no hace justicia a la persona que sufre. A esto le llamo «secularización» del sufrimiento, la eliminación de su enlace con la trascendencia. Los amigos de Job intentaban explicar los orígenes del sufrimiento de Job buscando en su pasado, pero Job se quejó con amargura y rechazó repetidas veces estas explicaciones, como hace Dios al final del libro. El filósofo Martin Heidegger dijo que las personas piadosas no son las que se reconocen como culpables ante Dios cuando sufren, sino las que luchan contra Dios.

¿Qué surge de la batalla con Dios? La respuesta del Misterio al sufrimiento es siempre una gracia, una gracia gratuita que nos llega sin condiciones, sin racionalizaciones, sin explicaciones. El sufridor colectivo podrá aliviar el sufrimiento sólo si consigue poner a la persona que sufre en contacto con la gracia y dentro de la experiencia de ser amada. La respuesta al sufrimiento será siempre una experiencia de gracia y amor.

Para los llamados amigos de Job, el sufrimiento de Job fue una ocasión para construir su teología en vez de una oportunidad para expresar su amor. Ellos no iban a caminar con él, a sufrir junto a él, a rezar con él para pedir una gracia. En cambio, encajaron el sufrimiento de Job en un sistema teológico que explicaba casi todo. Los amigos verdaderos habrían reconocido el horror que él estaba atravesando, le acompañarían en su dolor y se abstendrían de ofrecer una respuesta o una razón a su sufrimiento. Dado que el sufrimiento se ha experimentado como una destrucción que roba su sentido a la vida, las explicaciones simplistas trivializan el sufrimiento. Es como si se dijese a los que sufren que han perdido su derecho a una vida plena, porque han hecho algo y ahora tendrán que pagar el precio. Job comprendió que no podía aceptar una explicación de su sufrimiento; hacerlo habría devaluado su propia vida y experiencia.

Con la gracia, experimentamos de repente la bondad de nuestra existencia (y la de otras), que tiene un valor infinito por sí misma. Al final del libro de Job, Dios pide a Job que considere sus orígenes, que comprenda que fue creado sin ningún derecho a la existencia, que no es su propio hacedor. Su existencia es pura gracia. Job se descubre a sí mismo cuando Dios le pide que considere el misterio de su identidad humana. Al hacerle preguntas a Job, Dios se une, por decirlo así, al cuestionamiento de Job. De alguna manera, Dios sufre colectivamente con Job.

El sufrimiento es una expresión de la personalidad humana, de la trascendencia humana. La respuesta de Dios a nuestro sufrimiento, un sufrimiento con nosotros, respeta nuestra identidad como individuos. Probablemente, el encuentro más íntimo entre los seres humanos sea a través del sufrimiento compartido. La comunión del nacimiento mediante el sufrimiento compartido es la comunión interpersonal más fuerte del mundo, que barre con todas las barreras entre los seres humanos y nos une mediante un vínculo con la trascendencia, con «algo más grande que nosotros».

El gran visitante

Emmanuel Mounier, el fundador del movimiento filosófico «personalista» francés, escribió que el aspecto más importante de la vida humana es una «inquietud divina» en nosotros, una «falta de paz» divina dentro de nuestros corazones. Es una búsqueda permanente del sentido de la vida, un interés grabado en «almas inextinguidas», en aquellos que no están paralizados por satisfacciones temporales o respuestas ideológicas a todas las cuestiones humanas. En efecto, lo que hace que nuestras vidas sean realmente humanas es este incesante cuestionamiento ante el Misterio, ante «algo más grande», ya sea que tengamos tres o noventa y tres años de edad. Este cuestionamiento nos permite incluso ver cada día las cosas con el mismo asombro y admiración que sentimos la primera vez que las vimos y mantener nuestros corazones abiertos al mundo que nos rodea.

Este cuestionamiento también hace que merezca la pena vivir, aun en medio de los mayores sufrimientos. Mounier vio a las personas unidas por esta actitud ante la vida como los constituyentes de una comunidad única, personas comprometidas con la acción, con nuevas iniciativas que roturan el suelo en el nivel más profundo de la experiencia humana y abren nuevas posibilidades para la humanidad. Los moradores del mundo del sufrimiento son los que transforman realmente el mundo. Ellos son los verdaderos revolucionarios en nombre de la dignidad humana. Mounier escribió sobre aquellos con los que se encontró a través de estas experiencias: «Siempre he pensado que perduraremos, en virtud del carácter orgánico de nuestros inicios: es a partir de la tierra, de su solidez, que tiene lugar un nacimiento pleno de alegría... y un paciente sentimiento de una labor que crece, de las etapas que siguen, esperadas casi tranquilamente, con seguridad (en medio del malestar de los días de angustia). Es necesario sufrir de manera que la verdad no cristalice en doctrina, sino que nazca de la carne».

Para Mounier, estas palabras no eran meras abstracciones, sino que las vivió. Durante años, él y su esposa desearon un hijo, pero cuando por fin llegó, la niña sufría una terrible enfermedad cerebral que la desfiguraba por completo. El cuidado de la hija afectó cada momento de sus vidas, día tras día. «Siento un gran cansancio —escribió— mezclado, al mismo tiempo, con una gran tranquilidad. Pienso que lo real, lo positivo, está dado en la tranquilidad, por el amor de nuestra hija que se ha transformado dulcemente en una ofrenda, en una ternura que la supera, que se origina en ella y retorna a ella, transformándonos junto con ella.»

En su profundo sufrimiento, se vuelve hacia el Misterio en el cual se origina el sufrimiento y hace una peregrinación a un lugar donde se hacen milagros, pidiendo un milagro, pero no el milagro de que se cure la enfermedad. Pide regresar a casa con la hija enferma y «conocer la alegría de estar amando en la gratuidad de la gracia de Dios (y no en sus efectos terapéuticos automáticos), la alegría de conocer que jamás se niega un milagro a quien acepta por adelantado cualquier forma en que se le conceda, aun cuando sea invisible, aun cuando tenga una forma crucificada, aun cuando sea una cuestión del fin.» Mounier continúa: «La gente dice que hemos sufrido una gran desgracia. En cambio, no es una cuestión de desgracia. Hemos sido visitados por Alguien muy grande».

«Hemos sido visitados por Alguien muy grande» —esta es la experiencia más profunda que los seres humanos son capaces de sentir ante el misterio del sufrimiento. La «desgracia» se convierte en un ruego de ir más allá de la pura resignación hacia un compromiso activo —para «permanecer contigo», como le dice a su hija. El sufrimiento colectivo nos hace comparecer ante los que sufren con profundo respeto y temor reverencial. En estas experiencias, «Alguien muy grande» nos visita.

Y, sin embargo, cuando examinamos nuestras reflexiones anteriores, tenemos que preguntar: ¿Qué pasa con Greer? ¿Qué pasa con Wiesel? Como hemos visto antes, Greer y Wiesel han experimentado también algo «muy grande» y ha sido un horror absoluto.

Adam Phillips cuenta la historia de John Cage, que asistió a un concierto de obras compuestas por un amigo. El amigo había escrito también las notas del programa de mano, en las que decía que esperaba que la música ayudase a reducir el sufrimiento en el mundo. Después del concierto, Cage le contó a su amigo que le gustaba la música, pero odiaba esas notas del programa de mano. Pensaba que no había «tanto» sufrimiento en el mundo. En lo que a él concernía, había la «cantidad correcta». En efecto, ideas como «demasiado» o «muy poco» demuestran que alguien mide según una norma. Pero, ¿qué ocurre si no existe esa norma? ¿Qué ocurre si el mundo es como es porque esa es la manera en que todo resulta ser cuando todas las fuerzas de la naturaleza interactúan en ese momento de su evolución? Entonces, conceptos como demasiado o muy poco indican simplemente un gusto o preferencia, estas manifestaciones de la «naturaleza» que nos gustan o no.

No hay manera de responder a la posición de Cage como no sea reconociendo que las demandas más profundas del corazón humano van de algún modo más allá de la «naturaleza», tal como ha sido definida por la ciencia, puesto que en dicha visión de la naturaleza la cantidad de sufrimiento en el mundo es, precisamente como apunta Cage, siempre tan justa como ha de ser. Puesto que el sufrimiento no admite «explicaciones», a menos que podamos imaginarnos algo más que decir, Cage se ha anotado un tanto.

Y, sin embargo, debemos reconocer también la experiencia de Mounier —tanto el tremendo sufrimiento que él, su esposa y su hija experimentaron como la tremenda gracia. De algún modo, aceptar sin preguntar el sufrimiento de la familia Mounier parece despiadado y negar la gracia que experimentaron es dejarse abatir. Hacemos frente a la realidad de manera que, si estamos verdaderamente vivos, seremos siempre divinamente «inquietos», plenos tanto del misterio de las preguntas como del misterio de la gracia, que no podemos comprender sin un espíritu de fe.

Todo es gracia

Ninguna teoría o explicación acerca del origen del sufrimiento —sea cósmico, evolucionista, extraterrenal, histórico o el resultado de la acción humana— podrá satisfacer el corazón humano, cuando el sufrimiento se ha experimentado como una ofensa a la existencia misma. En este sentido, el origen del sufrimiento es algo «irracional», cuando lo racional indica la capacidad humana para descifrarlo. No es algo simplemente desconocido, sino *ignoto,* una rotura en el tejido de la propia comprensión. No hay «causa» que pueda explicarlo de manera adecuada.

Supongo que la explicación más popular del sufrimiento es que se trata del resultado de una culpa individual o colectiva, un castigo por haber hecho algo que no debió hacerse («pecado»). Debido a la universalidad y la longevidad de este criterio, algo de ello debe corresponderse con la experiencia humana. Después de todo, la experiencia de la culpa y el sufrimiento que provoca es la fuerza impulsora que hay detrás de la mayoría de las religiones. Por eso el «sufrimiento inocente» es tan escandaloso y representa una amenaza para la religión.

Pero si admitimos que todas las explicaciones concernientes a los orígenes del sufrimiento son inaceptables, entonces, ¿no es acaso todo sufrimiento un sufrimiento realmente inocente? ¿No es esto lo importante en el argumento de Iván Karamazov? Haremos bien en recordar sus palabras. Rechazando el consuelo de que, al final de la historia, restableceremos de algún modo la armonía dañada por el sufrimiento de un niño, clama: «¿Podrán ser redimidos si son vengados? Pero, ¿qué me importa si son vengados, qué me importa si los atormentadores están en el infierno, qué puede reparar aquí el infierno, si estos ya han sido atormentados? ¿Y dónde está la armonía, si existe el infierno? Quiero perdonar y quiero aceptar. No quiero más sufrimiento. Y si el sufrimiento de los niños va a componer la suma de sufrimiento necesaria para comprar la verdad, entonces afirmo de antemano que toda la verdad no es digna de ese precio... No quiero armonía, no la quiero por amor a la humanidad. Quiero quedarme con el sufrimiento no correspondido... Han puesto un precio demasiado alto a la armonía; no somos capaces de pagar tanto por la admisión».

Quién de nosotros no ha sentido alguna vez cierta simpatía por esta protesta maravillosa, que resuena en la región más profunda de nuestro corazón. Y así se mantiene la pregunta: ¿Por qué esta protesta desgarradora? ¿Quién la ha planteado? La rebelión de Iván Karamazov es, al menos, tan misteriosa como el sufrimiento que él censura.

La naturaleza humana no es el origen del mal y el sufrimiento. El mal es algo totalmente ajeno a la forma en que estamos hechos, a nuestra identidad como personas. El mito del origen del hombre y la mujer en el paraíso es mucho más revelador de cómo estamos hechos que el mal y el sufrimiento que han sido inseparables de la historia, tal como la conocemos. El hecho de que «el hombre y la mujer de la prehistoria» desconociesen el bien y el mal no los hace menos humanos que nosotros, sino que los hace más humanos. Es porque el mal es tan ajeno a cómo estamos hechos que el sufrimiento y la muerte son tan repulsivos. No podemos imaginar la «historia» sin la batalla que conlleva sufrimiento, pero en lo profundo de nuestros corazones escuchamos un eco distante de lo que podía haber sido, de cómo se suponía que la vida humana debía ser realmente.

Decimos que el sufrimiento nos pone en presencia, según las palabras de Mounier, de «Alguien muy grande». Pero si es así, si este «Alguien muy grande» no es el origen de los horrores experimentados, entonces este Alguien tiene que ser uno que pueda descender al infierno que hemos encontrado. Este Alguien debe ser capaz y debe tener voluntad de establecer una relación con nosotros, que nos impida caer en esa soledad absoluta que es el infierno. Este Alguien debe ser capaz de amar incluso en el infierno, debido a que el infierno no permite amar más.

La redención del sufrimiento y el misterio del amor son inseparables. La respuesta al sufrimiento no es dejar de sentir afecto —eso es, de hecho, el infierno—, sino experimentar un afecto que nos sostenga en nuestra humanidad, tal como se supone que debe ser. Esta es la redención que busca el corazón.

No obstante, el amor es imposible sin la libertad, pero la libertad admite la posibilidad de actuar en contra del amor. La libertad de amar es lo que permite que el ser humano escape a las limitaciones de lo que la ciencia llama naturaleza y experimente la justicia y la injusticia.

Existe una experiencia de libertad que resulta especialmente reveladora. Me siento libre cuando mis necesidades son satisfechas en todas sus dimensiones y manifestaciones. En consecuencia, libertad es la capacidad para la perfección, la capacidad de ser hecho perfecto.

Pero sabemos muy bien que nada nos satisfará jamás hasta el punto de que nunca volvamos a desear más una cosa o cualquier otra. Nuestros corazones desean una felicidad infinita, una satisfacción infinita. Libertad es la capacidad para el infinito. Soy libre cada vez que camino por el sendero que me lleva hacia el infinito, hacia las estrellas. Si elijo actuar de una manera particular que me separa de mi destino infinito, pierdo algo de mi libertad y me muevo más cerca de ese abismo de no ser libre, es decir, de «no ser capaz de amar más». Podré ser rescatado sólo si el atractivo del infinito vence sobre lo que me está atrayendo lejos de él. Esta es la redención de mi libertad.

La redención del sufrimiento, inseparable del drama de la libertad, debe asumir también la forma de la presencia amorosa y atractiva de ese «Alguien muy grande», que me conduce al infinito que he perdido de vista. Este Alguien está dispuesto a sufrir colectivamente conmigo y a sostenerme en tanto yo sea capaz del infinito, es decir, libre. Sea cual sea el Misterio de mi origen y destino, debe de estar dominado y definido de algún modo por esta capacidad para sostener mi libertad de amar mediante el sufrimiento colectivo. Si llamo «Dios» a este Misterio, entonces la identidad de Dios tiene que expresarse de algún modo como el Amor Infinito revelado mediante el sufrimiento colectivo con la humanidad.

El sufrimiento sólo puede redimirse mediante la gracia, mediante el amor, que se ha reconocido como incondicional, ilimitado e infinito. Paradójicamente, el drama del sufrimiento inocente que puede impulsarnos a negar a Dios y a odiar la simple posibilidad de la existencia de Dios, puede conducirnos también a descubrir a Dios. Sin embargo, el sufrimiento colectivo significa arriesgar nuestra identidad, y el Dios que nos redime del sufrimiento tiene también que estar dispuesto y ser capaz de asumir ese riesgo, es decir, de parecernos como «no divino» o diferente del poder absoluto que asociamos con la divinidad. Como dijo el filósofo judío Emmanuel Levinas, si hay una «encarnación de la Trascendencia», sólo podrá tener la forma de la humildad absoluta.

Los seres humanos pueden sufrir colectivamente con humildad con aquellos a quienes aman, pero, al final, este sufrimiento colectivo sólo puede ser limitado. Por decirlo así, nuestra identidad no es lo suficientemente fuerte como para sostener por completo la identidad de una persona que sufre. En definitiva, el amor humano en sí se enfrenta siempre a la muerte. No podemos amar tanto a alguien hasta el punto de poder evitar que esa persona muera. Pero, ¿qué ocurre si el sufridor colectivo es el autor de nuestra identidad? Entonces, este sufrimiento colectivo será más fuerte que la muerte.

En consecuencia, la redención por el sufrimiento colectivo «divino» no es una cuestión de justicia que rectifica la injusticia del sufrimiento, como imaginó Iván Karamazov. Estas categorías no tendrán sentido, si el amor es la última palabra acerca del drama de la existencia humana. Pero si la existencia humana no está en favor del amor, entonces tampoco lo estará en favor de la libertad. En ese caso, la observación de Cage de que hay la cantidad justa de sufrimiento en el mundo sería la respuesta correcta al horror experimentado por Iván Karamazov, Germaine Greer, Elie Wiesel y otros muchos que, sólo en el siglo pasado, han pasado por el misterio de la iniquidad, que es el infierno.

La redención del sufrimiento, como indica nuestra experiencia, no puede considerarse como la «respuesta última» a un problema: sólo puede ser un hecho que transforma el drama del sufrimiento en un drama de amor, y demuestra que el amor es más poderoso que su negación. La posibilidad de este hecho sustenta una esperanza auténtica y una determinación indefectible de proteger y defender la libertad humana y la dignidad de la vida humana.

La redención no elimina el sufrimiento. En efecto, así como el sufrimiento crea un «mundo» del sufrimiento, así también la redención del sufrimiento crea una comunidad de los que aman y ofrecen un hogar a los que sufren. Su presencia en el mundo del sufrimiento representa una invitación a liberar a los seres humanos para que abracen una nueva vocación, una nueva misión: unirse a la comunidad del «sufrimiento redentor» para ayudar a completar lo que pueda faltar en sus recursos internos con el fin de ofrecer un hogar a los que sufren, ahorrándoles esa soledad que es el infierno.

Comenzamos la Tercera parte con los comentarios de François Mauriac acerca de Elie Wiesel y resulta apropiado volver a Mauriac para cerrar nuestro debate sobre el sufrimiento. Comprende totalmente las observaciones de Mauriac respecto a su encuentro con Wiesel. Mauriac escribió: «¿Qué le dije a él? ¿Le hablé de ese otro israelí, su hermano, que podía parecerse a él, el Crucificado, cuya Cruz había conquistado el mundo? ¿Afirmé que el obstáculo para su fe era la piedra angular de la mía y que la conformidad entre la Cruz y el sufrimiento de los hombres era, a mis ojos, la llave para acceder a ese misterio impenetrable, en el que había sucumbido la fe de su infancia? ... No conocemos el valor de una sola gota de sangre, de una sola lágrima. Todo es gracia. Si el Eterno es el Eterno, la última palabra para cada uno de nosotros pertenece a Él. Esto es lo que debería haberle contado a este niño judío. Pero sólo pude abrazarle, llorando».

LOS TRES GRANDES:
SEXO, DINERO Y POLÍTICA

En el principio...

Permitan que comience diciendo que no es mi propósito defender en este libro la doctrina de la Iglesia Católica respecto a la sexualidad humana. En cambio, deseo abordar la experiencia religiosa en relación con el cuerpo humano y el ser humano. Esta experiencia nos enlaza con el Misterio. Aunque este Misterio trasciende todo lo que pueda pensarse o decirse acerca de él, podemos decir que guarda en su interior el secreto del significado de la vida humana: de dónde viene, adónde va y por qué la humanidad anhela el infinito.

La sexualidad humana es una parte ineludible de esta experiencia del Misterio. No hemos tenido que esperar a Freud para descubrirlo. En el Génesis, como ya vimos antes, la existencia de los animales machos y hembras se daba por sentada; sólo en el caso humano es significativa la diferenciación del sexo. En efecto, la creación del ser humano fue incompleta hasta que el sexo se diferenció. En el Génesis, el «ser humano original pleno» no fue un macho; fue una pareja. Independientemente de lo que signifique la «naturaleza humana», incluye la diferenciación de sexos de una manera que no se halla en ninguna de las demás especies.

El Génesis no ve la diferenciación de sexos simplemente como un modo natural de asegurar la reproducción y la supervivencia humanas, ya que busca dicha supervivencia para todas las especies. Sin embargo, la especie humana es la única que busca la supervivencia «eterna». Esta orientación hacia la eternidad es lo que define a los seres humanos. La diferenciación de sexos humanos forma parte de esta orientación. Hablamos de diferentes «orientaciones sexuales» en la vida humana. Pero la orientación definitiva de la sexualidad humana es el anhelo de infinito del corazón humano. Por tanto, la sexualidad humana es una señal de eternidad, esa eternidad que los seres humanos buscan continuamente.

Acaramelados bajo las estrellas

Luigi Giussani cuenta una historia: una hermosa noche estrellada, se topó con una joven pareja que estaba muy acaramelada. Por supuesto que los dos se sintieron un poco incómodos al ser descubiertos por monseñor, quien, sonriente, les preguntó: «Lo que están haciendo ahora aquí, ¿qué tiene que ver con las estrellas?». Totalmente confundidos, no respondieron y monseñor siguió su camino.

Está claro que las estrellas son los símbolos del infinito, del más allá eterno, del Misterio que anhelan nuestros corazones. La joven pareja, perdida en el aspecto físico del momento, era inconsciente de que su anhelo físico era una expresión de un anhelo incluso más profundo, el anhelo de lo trascendente. Quizás algún día, cuando hayan madurado en sus necesidades y apetitos tanto físicos como «metafísicos», recuerden las palabras de monseñor y comprendan la pregunta que les hizo.

El maravilloso poema de García Lorca sobre el simbolismo de las estrellas expresa nuestro encuentro con lo trascendente. En «Los encuentros de un caracol aventurero», un caracol contempla la quietud de un prado, la «quietud divina de la Naturaleza», y siente el deseo de «ver el final de un camino a través de los árboles».

«Olvidando las preocupaciones de su hogar», se adentra por el camino en el bosque, moviéndose lentamente como corresponde al «pacífico burgués del camino». Llega hasta dos ranas «viejas, enfermas y aburridas», que estaban tomando el sol. Una de ellas está quejándose de las «canciones modernas» de los animales del bosque; la otra rana, herida y casi ciega, dice que todas esas canciones nunca han servido para nada. Cuando ella era joven, cuenta, pensaba que si Dios pudiese escuchar su croar, tendría compasión de ellas. Pero ahora ya no piensa así.

Entonces ven al caracol, que tiene miedo del bosque oscuro. Él les dice a las ranas que quiere regresar a casa. Después de llamarle bicho cobarde, la rana ciega le pregunta si sabe cantar y el caracol responde que no. «Entonces, ¿sabes rezar?», le pregunta. «Jamás aprendí cómo hacerlo», replica el caracol. A continuación, la rana pregunta: «¿Crees en la vida eterna?» «¿Qué es eso?», pregunta el caracol. Ella responde: «Es vivir siempre en las aguas más serenas, cerca de una tierra cubierta de flores, que nos sostiene con alimentos abundantes». El caracol comenta que su abuela le contó una vez que, después de la muerte, iría a las hojas más tiernas en los árboles más altos.

Las ranas se enfurecen y afirman que su abuela es una hereje, insistiendo en que sólo ellas le dicen la verdad. El caracol les cuenta que está siguiendo el camino a través del bosque precisamente porque cree en la vida eterna. A continuación, avanza, temeroso, adentrándose más en la selva. Las dos ranas pordioseras se maravillan de por qué le han dicho al caracol que crea en la vida eterna, si ellas mismas ya no creen.

Más adelante por el camino, el caracol se encuentra con un grupo de hormigas rojas que arrastran con mucha dificultad a una hormiguita cuyas antenas han sido arrancadas de cuajo. Golpean salvajemente a la joven hormiga y el caracol les pregunta por qué tratan de esa manera a su compañera. La hormiguita, medio muerta, dice que es porque ha visto las estrellas. El caracol quiere saber más: ¿Qué son las estrellas? La hormiga herida replica que se ha subido hasta el más alto de los árboles del bosque y que «ha visto miles de ojos en medio de la oscuridad». «Pero, ¿qué son las estrellas?», implora el caracol. «Son luces que llevamos sobre nuestra cabeza —replica la hormiga malherida—. No las vemos.» «Mi vista llega sólo hasta la altura de la hierba», observa el caracol.

Las otras hormigas se alborotan y se vuelven aún más violentas. «Te mataremos —chillan a la hormiguita—. Eres vaga y perversa. Tu obligación es trabajar.» Esto, por supuesto, era lo que más había enfurecido a las hormigas; con todo su asunto de las estrellas, la hormiguita brava se había salido de la estructura social de las hormigas, que está dedicada totalmente al trabajo. Pero la hormiga moribunda insiste: «He visto las estrellas».

El poema concluye así: «El caracol suspiró aliviado. Y, pasmado, se alejó totalmente perplejo respecto a lo eterno. "El camino no tiene fin" —exclamó—. Quizás este sea el camino hacia las estrellas. Pero mi gran torpeza me impedirá llegar a ellas. Es necesario que no piense en ellas».

Todo está envuelto en una calina de sol suave y niebla. A lo lejos, las campanas de una torre llaman a las gentes a la iglesia y el caracol, pacífico burgués del camino, aturdido e incansable, contempla la escena.

Me gusta este poema. El caracol, debido a su torpeza mental y a su cobardía, y las hormigas, debido a su esclavitud hacia el trabajo, no pueden ver ni comprender qué son las estrellas, al igual que las ranas cansadas, viejas y enfermas tampoco creen ya en la vida eterna y han dejado de croar por ella. No sé lo que la joven pareja de Monseñor Giussani pensará de esta cuestión, pero él les invitó a reconocer su vínculo con el infinito como el horizonte apropiado para todo lo que hiciesen. Les estaba pidiendo que viesen el amor y la sexualidad humanos como parte de su vínculo con «las estrellas». Todos deberíamos contar con esta llamada a ver las estrellas.

¿Sexo más allá de la tumba?

Una vez, un crítico de la televisión me preguntó por qué el Papa y la Iglesia Católica daban tanta importancia a la conducta sexual, en vez de enfatizar las «cuestiones últimas» concernientes al misterio, la trascendencia y el infinito. Como resultado de sus enseñanzas sexuales, dijo este crítico, las iglesias católicas y las cristianas en general estaban perdiendo credibilidad para hablar sobre nuestro destino último (que, dio a entender, se encuentra más allá de los problemas de la sexualidad) y para enseñar a nuestro mundo moderno cómo abrirse al misterio del infinito.

Ya había escuchado antes este reproche y siempre me sorprende. Es posible que se considere que las enseñanzas de la Iglesia respecto al sexo son absurdas, pero seguramente no resulta menos absurdo (más «creíble») decir que el cuerpo humano está llamado a la eternidad y que será «investido con la inmortalidad». Opino que todo lo que se necesita para poner en duda esta tesis es uno de esos desagradables vídeos de arqueólogos forenses que examinan con interés los huesos de un antiguo cráneo. He visto vídeos en los que se le hace esto a los huesos de santos venerados. Hace algún tiempo, vi fotografías de lo que resta probablemente —sólo un puñado de huesos y dientes— de San Lucas el Evangelista. Lucas es una de las fuentes de la tesis de que el cuerpo de Jesús «no sufrió la corrupción», una aseveración que él atribuye a Pedro. ¡Pues bien, lo que sí es seguro —como demuestra gráficamente el vídeo— es que Lucas no escapó a este destino!

Permítanme aquí una breve digresión para expresarlo de este modo: ¡quien crea que el cuerpo humano sobrevive de algún modo a la muerte debe tener una opinión asombrosa de la sexualidad! Me parece que la «credibilidad» del criterio cristiano del sexo debe examinarse en sus raíces más profundas, es decir, ¿cómo ve la Iglesia el cuerpo humano? Lo que tenemos que decir es lo siguiente: ¿qué importancia tiene el cuerpo en nuestra experiencia existencial como ser humano, «alguien» único e irrepetible?

Al menos, parte de la respuesta a estas preguntas se encuentra en nuestro anterior debate sobre la ciencia, en el que aprendimos que, incluso la experiencia humana más imponente, el pensamiento más excitante, dependen absolutamente de la bioquímica del cerebro. Y, sin embargo, cuando un biólogo dice «el cuerpo humano», estas palabras apuntan a una experiencia diferente de cuando dice «mi cuerpo». En el último caso, el cuerpo del biólogo forma parte de la experiencia humana de una manera que va totalmente más allá de su descripción en términos físicos. En efecto, necesitamos dos términos irreducibles —«el cuerpo humano» y «mi cuerpo»— para explicar por completo la experiencia del ser humano. No podemos escapar de este dualismo sin ser infieles a la totalidad de la experiencia humana. Y el punto clave de esta realidad es el hecho de que el cuerpo humano, cuando se ha experimentado como «mi» cuerpo o «tu» cuerpo (el cuerpo de un ser humano individual y distinto), participa en el discurso sobre el infinito o la eternidad. Nuestra mismísima fisicalidad, nuestra mismísima sexualidad es un modo de encontrar lo Trascendente.

La credibilidad de la enseñanza de la Iglesia sobre la sexualidad va a depender, en definitiva, de la relación entre el cuerpo humano y lo Trascendente.

La resurrección en California

Una vez, una señora me preguntó si «la resurrección de la carne» era una metáfora. Esta explicación satisface a muchas personas. Como resultado de ello, la Pascua no les pone en un aprieto. Comprender la resurrección de la carne como una metáfora parece una posición razonable, moderada y civilizada, que ataja algunos conflictos impropios con cristianos que sostienen otras interpretaciones. Si fuese así, podríamos decir: «Oh, por supuesto, creo en la resurrección de la carne», sin revelar con exactitud de qué clase de resurrección se está hablando.

Lo que me interesa aquí es la pregunta de esta señora —¿es la «resurrección de la carne» una metáfora?— y la sugerencia de que, como metáfora, la resurrección se corresponde de algún modo con nuestra experiencia de lo que es posible. Mi reacción inmediata a la pregunta fue pensar en mi propio cuerpo —y notarlo y sentirlo—, un cuerpo del que se podría decir, con diplomacia, que ha alcanzado dimensiones amenazantes. Recuerdo cómo, cuando intento levantarme por la mañana, descubro partes de mi cuerpo (porque duelen) que antes no sabía que estaban ahí. Así, en respuesta a esta pregunta sobre la resurrección de la carne como metáfora, repliqué: «Mi experiencia del cuerpo no es la experiencia de una metáfora. El día en que este chiquitín se convierta en una metáfora, estaré mejor preparado para responder a su pregunta».

Este no fue exactamente el argumento de San Pablo respecto a la posibilidad de una resurrección del cuerpo, pero mi interrogadora comprendió lo que quise decir. (Puedo contarlo, porque ella se desternilló de risa.) Ocurrió en el sur de California, donde se ven muchos cuerpos que nos hacen pensar en que la resurrección sería algo valioso, como una metáfora de su belleza y atractivo. Pero ¡ay de mí!, lejos de Hollywood, este no es siempre el caso. Lo que quisiera decir es que mi corazón desea la posibilidad real de tener un cuerpo como los que se pueden ver en cualquier momento alrededor de una piscina mientras se filma un episodio de alguna serie de televisión. No tengo la menor idea de a qué podría parecerse mi cuerpo resucitado, pero si existiese esa cosa, quisiera que se semejase más a los cuerpos de la piscina que a una metáfora.

El caballero con la piedra

Hace algún tiempo, una imagen sobrecogedora acompañaba un ensayo fotográfico del *New Yorker* acerca del «estado de la religión» a comienzos del tercer milenio. Se veía un hombre desnudo y muy delgado —se le podían contar las costillas—, que evidentemente estaba pasando por un apuro. Había cierta ingenuidad en él y parecía simpático. Pero tenía una mirada de resignación. No hacía falta mucho tiempo para reconocer dónde estaba el problema: una piedra inmensa se bamboleaba de una cuerda atada alrededor de sus genitales. A pesar de lo chocante y sobrecogedora que es esta foto, retrata algo importante: el entendimiento de que, para muchos, la experiencia religiosa resulta en una supresión total de la sexualidad.

En realidad, a pesar de su naturaleza física, sexualidad y género han tenido siempre una dimensión trascendental como expresiones de nuestra humanidad. La sexualidad y el género nos unen y nos orientan hacia un destino infinito, hacia el Misterio. Por tanto, la sexualidad y el género humanos son siempre místicos, es decir, existen «según el Misterio». Si el cuerpo humano resucita, la sexualidad de la humanidad —a pesar del caballero con la piedra que colgaba de sus genitales— resucitará también. Esta realidad y este destino nos deben guiar, como vemos, a vivir nuestras vidas como humanos cuya dimensión —cuerpo, mente y espíritu— está unida a lo Trascendente.

El libro *Dio e il Mondo* (*Dios y el mundo*) incluye una entrevista reciente con el cardenal Joseph Ratzinger acerca de la fe católica y la sexualidad en relación con el sexto mandamiento: no cometerás adulterio. Ratzinger dice que el propósito de la sexualidad humana, la clave de ella, es su capacidad para espiritualizar el cuerpo, o sea, para poner el cuerpo en contacto con lo trascendente y el Misterio, a la vez que encarna el espíritu. La sexualidad humana personifica, o da «corporeidad», a lo espiritual, a lo Trascendente y, al mismo tiempo, enlaza lo corpóreo con lo espiritual.

Por tanto, nuestra energía sexual puede experimentarse como un obstáculo en medio del camino para hacer otras cosas que queremos hacer. Nos sentimos tentados a exclamar: «¡Oh, si no tuviese este maldito cuerpo y sus tentaciones, entonces todo iría bien!». Resulta interesante que culpemos al cuerpo, aunque él no sea la causa del problema. La causa del problema, del trastorno, es espiritual. El problema no reside en nuestra corporeidad, sino en una debilidad o una voluntad desorientada.

El pecado, por ejemplo, es una enfermedad del espíritu, no del cuerpo. La razón por la que los efectos del pecado repercuten con tanta intensidad en la sexualidad no tiene su origen en la intimidad con que está unida a nuestra dimensión espiritual.

La relación entre lo espiritual y lo físico está clara, como sabe muy bien el caballero de la piedra. No obstante, su percepción de que lo espiritual abruma lo físico es incorrecta o, al menos, incompleta. Si elimina los impedimentos espirituales de su vida, se librará también de la piedra. La relación es real, pero el desequilibrio está causado por la debilidad en la libertad humana.

El rostro del otro

¿**R**ecuerdan lo nervioso que se puso el por entonces presidente Jimmy Carter cuando confesó públicamente que había mirado con lujuria a las mujeres y que, por tanto, según Jesús, había cometido «adulterio con el corazón»? La gente pensó que era un sectario fanático de Jesús, pero, en realidad, estaba señalando una verdad religiosa profunda. «Mirar a alguien con lujuria» es mirar a esa persona sólo como objeto potencial de placer sexual, como un cuerpo sexualmente atractivo. Una mirada «lujuriosa» separa a la persona de su cuerpo o reduce a esa persona a un objeto atractivo. Al hacerlo, se suprime la participación del cuerpo sexual en lo Eterno.

Pero, ¿no nos estamos pidiendo demasiado al no tratar a los demás como objetos? ¿Acaso podemos ver realmente a otras personas como «otros» en su totalidad, es decir, podemos ver a los demás independientemente de nuestros deseos e intenciones? Si eso es posible, ¿cómo hacerlo?

Para evitar tratar a los demás como objetos, tenemos que examinar lo que ocurre en el primer instante de contacto con otra persona. ¿Cómo experimentamos la diferencia entre nosotros? En efecto, este misterioso momento inicial de contacto está relacionado con ese «tiempo primordial» del tradicional mito de la creación, al que suele hacerse referencia con la frase «En el principio...» (Por ejemplo, en el Génesis, leemos: «En el principio creó Dios los cielos y la tierra» y el Evangelio según San Juan, nos dice: «En el principio era el Verbo».) En este principio, antes de cualquier pensamiento, no podemos tergiversar al otro en nuestra mente, puesto que aún no se ha formulado ninguna idea ni ningún concepto del otro. No podemos objetar a otro antes de pensar.

Por ejemplo, supongamos que sale a caminar y ve algo que jamás ha visto antes: un animal con dos cabezas y tres colas. ¿Qué es lo primero que hará? ¡Sencillamente, mirar! En ese momento, está dejando que esa cosa sea lo que es sin ninguna interferencia física, mental o emocional. Sólo será en ese momento cuando realmente entre en contacto con su alteridad total. Por supuesto, ese momento es sólo un instante, porque un segundo después, nuestra mente se pondrá en funcionamiento y comenzará a categorizar: ajá, dos cabezas, tres colas, etc. Pero ese primer momento, el momento antes de la cosificación, es crucial, se trate de una criatura mítica o de un ser humano.

El contacto inicial con otro ser humano —una realidad diferente de la nuestra— es un «happening», no sólo en el sentido de que «acontece algo», sino en el sentido de algo grande que tuvo en los años sesenta. El encuentro tiene lugar en el tiempo y el espacio de un modo imprevisto. Se experimenta precisamente como algo proveniente de nuestro exterior. Sus características definitorias son su singularidad (nada más es igual a esto) y su novedad (esto no ha ocurrido antes). Como tal, nuestra actitud ante él es sorpresa, asombro, maravilla, estupefacción (antes de que la mente comience a ocuparse de ello y lo destruya de otro modo). El filósofo Emmanuel

Levinas lo llama una experiencia de «disfrute», realización, satisfacción y «alimento» interior antes de cualquier intención particular o deseo previo. Se descubre al otro como algo totalmente ausente de mi experiencia anterior. Tomo conciencia de no haberme sentido realizado antes por lo que ahora me satisface. Si intento absorber en mí lo que he encontrado, para experimentar permanentemente este disfrute, es como si el otro me rechazase, para resistirse a la consumación de mi disfrute. Recuerden: todavía tengo que formular una idea del otro; aún no tengo un conocimiento mental de él. Experimento al otro de forma radical como «no soy yo»; el otro no es un objeto para mi posesión.

En consecuencia, esta experiencia es la de la vulnerabilidad, la de enfrentarse y estar expuesto de repente a lo inesperado. Es como si, de repente, apareciese algo que exige mi interés, algo que no puedo evitar. Como tal, me experimento como atado a partir de ahora a esta nueva realidad. Cambia mi vida. Está «frente» a mí y yo estoy «frente» a él como algo radicalmente diferente a mí. Y así, tengo que responderle. Es como la experiencia de un peso sobre mí que no había antes, una presencia que demanda que «salga de mí» para ir hacia ella.

Esto es lo que ocurre en «Torso arcaico de Apolo», un poema de Rainer Maria Rilke sobre una escultura de un torso de Apolo. Después de comprenderlo sin ninguna concepción previa, comprenderlo como una realidad que está *ahí* de manera aplastante, Rilke escribe que «brota de todos sus contornos como una estrella, por cuanto no hay lugar que no te vea». A continuación, el poeta exclama: «Tienes que cambiar tu vida».

Esta experiencia de encontrar a otros altera, por decirlo así, mi experiencia de la subjetividad y la identidad. A partir de ese momento, mi Yo se siente atado a este «alcance» del otro. La subjetividad se experimenta como «*inter*-subjetividad».

Reflexionando sobre esto: no hay nada más íntimo, más «personal», más incomunicable que la subjetividad. No obstante, la propia palabra «sujeto» se usa también para significar «atado a» o «dependiente de» realidades externas, como en las frases «estar sujeto a otro», «sujeto a la aprobación de otros» y «sujeto al tiempo». En su libro *Otherwise Than Being (De otro Modo que ser)*, Levinas lo expresa de modo terminante: «La subjetividad es ser rehén».

Es importante recordar que todo esto ocurre en el mismo instante del encuentro, en el mismo principio de mi experiencia del otro. Ocurre antes de que haya cualquier conocimiento mental consciente de la persona o este proceso. La experiencia del otro por el que soy y ante el que soy responsable, al que no puedo «consumir» como un objeto de mi disfrute, sino que debo respetar y cuidar precisamente como al otro, esta «experiencia primordial» tiene lugar en mi cuerpo y a través de él: mi cuerpo y el cuerpo del otro. El cuerpo media la «alteridad» del otro, su unicidad, irrepetibilidad, novedad, trascendencia y «misterio». ¡En efecto, en el momento en que se formulan conceptos e ideas que sirven de base para mi respuesta a los demás, el cuerpo pierde su realidad como símbolo o elemento mediador de la trascendencia y comienza a ser considerado como un obstáculo para ello! Comienza así la trágica senda hacia la piedra alrededor de los genitales o —más allá de la religión— hacia la incapacidad secular para comprender la presencia del misterio en el cuerpo.

La diferenciación de géneros y, por tanto, la sexualidad humana, forma parte de la mediación de la alteridad del cuerpo y, con ella, de la trascendencia y el misterio, En nuestra relación, en nuestro estar sujeto a otro y con otro, aspiramos a alcanzar y encontrar el Eterno.

Libertad religiosa
y bienes raíces

En el poema de García Lorca, las otras hormigas dicen a la asombrada hormiguita que ha visto las estrellas que ha quebrantado la ley que las une, la ley del «trabajo». La experiencia del infinito (las estrellas) que ha tenido la hormiga moribunda la ha convertido en una revolucionaria. Si las otras hormigas la siguiesen, destruirían el sistema de trabajo que mantiene su colonia. Su sistema social no deja margen para la experiencia de la trascendencia, ya que ésta amenaza la supervivencia de las hormigas.

Como hemos señalado con anterioridad, en el Génesis la diferencia de género y la sexualidad no están presentes en primer lugar como los medios de la reproducción y la supervivencia de las especies. Al igual que los animales, el ser humano se creó primero sin ninguna referencia a la diferenciación de géneros. El ser humano se apartó del resto de la naturaleza porque el Creador le había insuflado su propio espíritu, su propia vida. Esto permite que el ser humano actúe como el protector de todas las criaturas, así como que «domine» y canalice las energías de la creación hacia la construcción de un mundo acorde con el plan del Creador. Adán es el responsable de «nombrar» los animales, es decir, mencionar su lugar en este plan. Sin embargo, como individuo único, Adán es incapaz de llevar a cabo esta tarea; es incapaz de trabajar. Se dice que necesita una «ayuda».

La creación de esta «ayuda» demuestra que la ayuda es algo más que sólo otra persona con la que Adán puede dividir la tarea que hay que realizar. Adán es incapaz de llevar a cabo su tarea no porque le resulte demasiado difícil, sino porque no es suficientemente humano. Es como si fuese necesario fortalecer su humanidad. ¡Recordemos que el «sueño» de Adán no es una simple siestecita! Por el contrario, Adán entra en un estado de «estupor religioso», un estado de pasividad radical. Es como si así Adán, el ser humano, volviese al primer momento de la creación con el fin de ser recreado, surgiendo la segunda vez como una realidad única en dos modos radicalmente diferentes de existencia. Adán y Eva comparten la misma humanidad, pero viven de dos modos radicalmente diferentes: varón y mujer. Ahora ya el ser humano está completo y puede llevar a cabo la tarea de crear un mundo. La diferencia varón / mujer hace posible el desarrollo de un «hogar para la humanidad» en un mundo acogedor. Lo que hace posible la reproducción sexual es también lo que hace posible el trabajo creador humano. Marx tenía razón al ver que la reproducción y la supervivencia humanas —la evolución humana— no ocurrían sólo por medio de la sexualidad, sino también por medio del trabajo.

Pero la sexualidad humana y el trabajo humano son mediadores de la cuota de ser humano en el espíritu del Creador o, dicho con nuestros términos, nuestro vínculo con el Eterno, el Misterio, lo Trascendente: las «estrellas». Las hormigas no lo comprenden porque su trabajo no es el de las personas libres, sino el de los esclavos. Por tanto, el trabajo humano no es puramente funcional y práctico. Los seres humanos dominan y desarrollan la naturaleza no sólo con el fin de construir un mundo sensible a nuestras necesidades materiales, sino también para construir un mundo sensible a nuestra necesidad del Infinito. El trabajo humano tiene un significado «objetivo» y otro «subjetivo». El significado objetivo del trabajo mide el progreso en términos de tareas prácticas cumplidas. El significado subjetivo del trabajo mide el progreso en términos de satisfacción de las necesidades más profundas del corazón humano. Como en el caso de la conducta sexual, la «ética del trabajo» —el modo en que el trabajo se organiza, se estimula, se lleva a cabo y se recompensa— tiene que ser guiada por su fin más profundo o primordial, es decir, expresar la trascendencia del ser humano, el vínculo con las estrellas.

La relación entre el trabajo y la espiritualidad se ha convertido en un problema para muchas empresas poderosas. Envían a sus altos directivos a seminarios, talleres y retiros para que exploren las vías por las que la vida en el puesto de trabajo puede mejorar mediante la meditación, las súplicas concentradas y la comunión con la divinidad interior, así como con la tierra. ¡Por supuesto que estas prácticas de calidad de vida tienen también un efecto adicional en la mejora de la eficiencia y el rendimiento del trabajador, maximizando así el beneficio! Esto me recuerda una tira cómica que vi hace algún tiempo en el *New Yorker*, en la que, si no me falla la memoria, un peregrino de Nueva Inglaterra le confiaba a otro: «Vine por la libertad religiosa, pero también porque esperaba entrar en el negocio inmobiliario».

No obstante, me parece que estos esfuerzos corporativos están mal encaminados. No hay ninguna necesidad de añadir «espiritualidad» al trabajo; el trabajo humano en sí ya es un acto espiritual. Es una forma de espiritualidad. Sólo al hacer frente a las demandas diarias del trabajo profundizamos nuestro dinamismo interior. Al chocar con el mundo que es el «otro», nuestro dinamismo configura las demandas o necesidades que definen nuestra identidad humana, como la búsqueda de justicia, verdad, belleza y realización. Esto es lo que nos vincula con el Infinito. Esto es la esfera de una espiritualidad humana auténtica. En consecuencia, no es esa espiritualidad la que «añade» algo al trabajo, mejora el rendimiento o lo hace apenas tolerable. En cambio, se supone que el propio trabajo se convierte en un acto espiritual y esto ocurre cuando se siente que ha estado al servicio de la búsqueda del Infinito.

A menudo, se nos pide que hagamos un trabajo «sin sentido». Pero nuestra tarea espiritual es transformarlo. Es posible que se considere que vaciar el cubo de la basura no tenga sentido, pero si lo veo como una contribución al bienestar de mi familia, puede resultar inmensamente importante para mí.

Si el trabajo forma parte integral de nuestra búsqueda del Infinito, pensemos en lo que significa realmente el desempleo. El daño que causa el desempleo va mucho más allá de lo puramente económico. Una sociedad que no intenta proporcionar empleo a todos los que están capacitados para realizarlo sufre una herida mortal en el espíritu. El derecho al empleo y a un salario justo es tan importante para el espíritu de una sociedad como el derecho a la libertad religiosa; de hecho, es una forma de libertad religiosa. Privar a las personas de trabajo es debilitar, quizás incluso quebrar, su vínculo con el Infinito, destruyendo así el sentido de ser alguien, una persona, un sujeto libre. Mediante el trabajo, nos descubrimos a nosotros mismos como seres capaces de la libertad. Una sociedad no podrá educar adecuadamente a sus miembros para que vivan en libertad si no intenta proporcionarles todas las oportunidades posibles de empleo, en las que los individuos puedan reconocerse a sí mismos a través del trabajo. En y mediante la actuación sobre el mundo, descubrimos lo que somos: nuestro valor, nuestras facultades, lo que somos capaces de hacer, al igual que «Adán» en un principio. Somos verdaderamente libres sólo cuando estamos satisfechos, cuando nos hemos realizado en nuestra necesidad más profunda, cuando estamos vinculados con lo Trascendente.

Estructuras del compañerismo

Nuestra libertad para vincularnos con lo Trascendente proviene de esas necesidades diarias en las que el anhelo de infinito se hace particular y concreto. El Infinito nos alcanza siempre mediante realidades físicas y psicológicas concretas. Una y otra vez, nos topamos con el hecho de que no podemos separarnos de lo físico, lo material, lo corpóreo. El cuerpo humano (y esto significa mucho más que un organismo biológico, como insistimos antes) media lo Trascendente, lo llamado «espiritual». Por eso la «ética del trabajo», o la ética concerniente al trabajo, tiene que evaluarse desde la perspectiva del Misterio de lo anunciado. Esta perspectiva considera el trabajo humano como un problema necesario de la sociedad humana, no simplemente de los individuos. El trabajo es una cuestión de justicia social. En efecto, la creatividad humana es profundamente personal; es la expresión de la unicidad personal. Sin embargo, no podemos vivir aislados. Recordemos que «Adán» necesitó una ayuda para convertirse en un ser humano completo. De manera similar, necesitamos la comunidad para convertirnos en seres humanos completos.

En consecuencia, la primera forma con la que una sociedad verdaderamente humana promueve el trabajo creador humano es protegiendo estas «estructuras de compañerismo», a través de las cuales disfrutamos de la «ayuda» necesaria para trabajar de manera creativa. La más importante de ellas, la «primordial», es la familia. Dondequiera que los poderes sociales se sientan amenazados por la creatividad humana, atacarán a la familia haciendo que resulte muy difícil para el trabajador formar y mantener la suya. Sin embargo, hoy día existen en nuestra sociedad definiciones que difieren sobre lo que es una familia humana, definiciones que corresponden a criterios diferentes acerca de la persona.

Por eso, la actual discusión acerca de los «valores familiares» resulta tan polémica, puesto que no puede ayudar si no está unida a convicciones religiosas relativas al valor y el destino de la vida humana. Es más frecuente que sean los defensores de las políticas sociales «conservadoras» los que apelen a los «valores familiares», pero es importante que se reconozca que la posición «liberal» es también religiosa en su esencia. En cualquier caso, la «cultura» generada por esta posición religiosa será diferente de otras. En nuestra reflexión siguiente, consideraremos con más detalle varios aspectos de la cultura.

Una cultura del moralismo

La palabra «cultura» proviene del verbo que significa «cultivar». Una cultura es tanto lo que se ha cultivado como lo que cultiva. Cultivar es promover una forma particular de vida, una manera particular de que el organismo viviente se relacione con su entorno. En el caso de la vida humana, por tanto, la cultura promoverá un criterio específico concerniente al sentido último y la actuación relacionada con ese sentido. Por ejemplo, una cultura puede considerar que esta vida está separada por completo de la vida eterna, en tanto que otra puede creer firmemente que el destino infinito está mediado siempre por las realidades concretas de la vida diaria. Otros pueden promover criterios diferentes. ¡No asombra, por tanto, que el actual «debate cultural» —que algunos llaman una «guerra de culturas»— pueda ser tan intenso en nuestra sociedad multicultural!

Echemos una mirada a una opinión que ha influido profundamente en la sociedad norteamericana. En 1905, *The Protestant Ethic and the Spirit of Capitalism* (*La ética protestante y el «espíritu» del capitalismo*), de Max Weber, mostró cómo el enfoque puritano calvinista de la predestinación había influido en la cultura norteamericana. Convencido de que Dios ya ha decidido un destino final del individuo en el cielo o el infierno, el puritano calvinista busca una prueba de pertenencia a los «elegidos». Esto se ha demostrado en la actividad constructora en este mundo, en el trabajo productivo. Esta opinión, todavía viva hoy día, no sólo genera una cultura que pone énfasis en la importancia de la iniciativa y el trabajo individuales, sino que separa también los frutos de este trabajo de nuestro destino final.

Las personas han llegado a creer que nuestro destino final es completamente individualista y no está mediado por el trabajo y estructuras similares de compañerismo. El destino final tiene que ver con la relación individual con Dios sin ninguna mediación. Nada en esta tierra se ve como un símbolo mediático de lo eterno o, para decirlo con el lenguaje de nuestro debate anterior, tampoco hay «estrellas». Esto conduce de manera inevitable a una ética del trabajo sin la presencia de Dios.

Este paso marca el «protestantismo secularizado» que, según Weber, ha dado origen a la cultura norteamericana dominante. La cultura dominante nos enseña que, por decirlo así, la presencia de Dios no es evocada de manera natural por las realidades terrenales. Si la presencia de Dios ha de formar parte de la vida humana, habrá que forzarla a entrar en ella mediante un acto de pura voluntad.

En esta visión de las cosas, no nos descubrimos a través del compromiso con los demás y el entorno. En cambio, construimos nuestra identidad forzando el entorno con el fin de que nos deje espacio para ello. En esta posición religiosa, se desarrolla tanto una hostilidad hacia el ambientalismo como una hostilidad ambientalista hacia el desarrollo humano. La primera rechaza la presencia de lo sagrado en la naturaleza; la segunda, la sacraliza. En cualquier caso, si las dos se consideran reñidas, la «bondad» de un modo de vida se medirá por los logros de la persona en lucha contra un entorno despersonalizado, más bien que descubriendo una cualidad inherente en el mundo ajeno a nosotros. Por la fuerza de la voluntad, alcanzamos nuestros éxitos, más bien que extrayéndolos por la belleza y la bondad de lo que es el «otro». Así, una vida ética se ve por entero como el logro de una fuerte voluntad que toma la iniciativa para realizar buenas acciones. Este criterio puede llamarse «moralismo» y es también una característica de la cultura generada por la radical separación religiosa de lo limitado en el tiempo y lo atemporal, el Infinito y lo limitado, lo Trascendente y lo material.

Se considera que la sociedad y otras comunidades se originan a partir de «contratos» entre un individuo y los demás. Los individuos crean estos contratos para realizar sus ambiciones. Uno de los personajes en *Our God's Brother* (El hermano de nuestro Dios), obra teatral de Juan Pablo II (que expresa mejor que muchos otros escritos su visión de la vida social), sostiene que todos estamos compuestos por dos «yo», el yo cambiable y el yo incambiable. El yo real o más profundo es el incambiable. El yo cambiable, externo y superficial, establece las relaciones que constituyen las sociedades y otras comunidades. De modo significativo, las relaciones entre las personas se consideran extrínsecas a su yo más profundo.

Pero el protagonista de la obra del Papa nos llama a comprender que existe un solo yo y que ese yo es el que tiene que conformar las relaciones, las comunidades y la sociedad, compartiendo su destino con otras personas.

El dualismo del puritanismo calvinista y del secularismo son las implicaciones culturales de una posición religiosa, y ambos conducen al mismo resultado cultural a pesar de sus diferencias importantes. Por este motivo, si deseamos hacer cambios en el modo en que funciona el «sistema» dominante, no podremos evitar examinar sus presuposiciones religiosas. Por regla general, las presuposiciones religiosas se excluyen del debate público acerca de la cultura, porque se considera que son demasiado divisivas. Si esto ya fue un problema cuando todavía la fe cristiana guiaba la religiosidad norteamericana, parece que hoy día es un problema mucho mayor, dado nuestro panorama multicultural.

Por ejemplo, en los primeros días de la sociedad norteamericana, no había «escuelas públicas». El movimiento de la escuela pública fue una extensión del protestantismo, la realidad cultural dominante. En muchas escuelas públicas, se decían oraciones protestantes y se utilizaban Biblias protestantes. Con frecuencia, la «libertad religiosa» se utilizó como argumento para mantener a todas las demás religiones apartadas de las escuelas. La Iglesia Católica estaba en minoría y no pensaba que esto fuese justo. ¡Pero ahora algunos protestantes, en especial los evangélicos, objetan en contra de la separación de las escuelas públicas de la influencia religiosa, como hicieron los católicos hace doscientos años! En realidad, en el clima actual de multiculturalismo y diversidad religiosa, la necesidad de excluir las religiones de las escuelas públicas parece cada vez más acuciante. Así se reduce la posibilidad de un conflicto religioso.

El problema es que, si las presuposiciones religiosas quedan excluidas del debate, cualquier consenso resultante no se arraigará en el nivel más profundo de la experiencia personal. Como resultado de ello, cualquier unidad aparente que se alcance tendrá que seguir siendo superficial. Como tal, el debate se convierte con rapidez en una cuestión de poder —poder político, económico o «mediático»—, luchando cada lado desesperadamente por su supervivencia. Esta disensión nos deja en una situación difícil con vistas a hallar soluciones para los difíciles problemas a los que se enfrenta nuestra sociedad. La búsqueda de estas soluciones nos conduce de manera inevitable al tema de la política.

TRIGÉSIMO PRIMERO

Política realista

¿Cuál es, exactamente, la relación entre la religión y la política? ¿Cómo responde la política a la base religiosa —es decir, el vínculo con lo Infinito— de cómo los humanos construyen una sociedad justa?

Para responder a estas preguntas, tenemos que ver primero qué es la política. En resumen, la política es el modo de tratar con el poder. Construimos nuestro mundo de acuerdo con los deseos primordiales de nuestros corazones. Estos deseos determinan las ambiciones particulares y los fines con los que estamos comprometidos, incluyendo cómo utilizamos y organizamos los recursos mundiales en relación con estos fines y ambiciones.

El poder es la aplicación de la energía, o la «fuerza», con el fin de alcanzar una meta. La política es un modo de repartir este poder. En una democracia, esperamos que aquellos a los que el pueblo concede el poder lo ejerzan para efectuar la realización de los diversos «planes» o «proyectos» que intentarán alcanzar las ambiciones de la sociedad.

El problema comienza cuando estas ambiciones son determinadas por un poder político. Por supuesto, esto ocurrirá si no existe un consenso entre los miembros de la sociedad acerca de la ambición deseada. Esta falta de consenso es, por decirlo así, un «problema religioso», puesto que es una señal de criterios diferentes o, incluso, contradictorios respecto al vínculo entre los individuos y su destino definitivo.

Esto nos retrotrae al problema de la cultura o del cultivo de la vida según criterios en conflicto acerca de las necesidades, las posibilidades y el destino de la sociedad. Una política que excluye por entero una consideración de este tema requerirá inevitablemente que los miembros de la sociedad supriman o limiten el alcance y la profundidad de sus deseos. Dicha política es deshumanizante. Crea una sociedad que olvida soñar sobre su futuro y emprender nuevas iniciativas creadoras con el fin de alcanzarlo. En cambio, la vida política en una sociedad multicultural y diversa religiosamente debe acoger el aporte de las diversas comunidades religiosas (incluidas aquellas cuya postura «religiosa» es la negación de que los seres humanos están unidos al Eterno) en el proceso de establecimiento de ambiciones realistas comunes. En vez de excluir este aporte en el nombre de la «libertad religiosa», no debemos temer reconocer que la devoción a la libertad religiosa es, en sí misma, una convicción religiosa basada en la experiencia de una personalidad común a todo. Esto vinculará la política a la realidad, que evitará que se convierta en un juego en el que los participantes discutan constantemente sobre las reglas que deciden quién gana, en vez de jugar de verdad.

Estacionamiento gratis
en el centro

E l hilo conductor de estos temas de sexo, dinero y política es exactamente el mismo que se esconde detrás del origen de la religión, su confrontación con la ciencia y su actitud hacia el sufrimiento humano. Este hilo son los deseos del corazón humano y cómo interpretamos y reconocemos estos deseos. Nuestro corazón desea con persistencia comprender nuestra relación con la realidad definitiva.

Sin embargo, esta tarea de desear comprender esta relación fundamental resulta obstaculizada con frecuencia por un temor grande y continuo de parecer cándido o ser engañado. Como resultado de ello, los deseos del corazón quedan reducidos a lo que parece culturalmente posible. Esta reducción del corazón, esta reducción del deseo es, creo yo, el origen de nuestros problemas en la educación, la justicia social y la religión. Al menos Freud, Marx y Nietzsche pensaron que era posible atajar la autodecepción e ir a la raíz de nuestros deseos «originales». Sin embargo, hoy día, se nos anima a que nos resignemos a no conocer jamás con exactitud por qué pensamos y sentimos como lo hacemos. Como resultado de ello, reducimos el alcance de nuestros deseos del corazón y vacilamos en alcanzar el infinito, las estrellas.

Me parece que, como nada es más personal o íntimo que nuestro sentido del significado y el fin de la vida que guía nuestras ideas y nuestra conducta, debemos reflexionar sobre las experiencias que dan origen a ese sentido del significado y lo conforman. Esto no podrá hacerse si tememos enfrentarnos a los deseos más fundamentales, primordiales y originales del corazón en el nivel que precede a los pensamientos, es decir, que precede a la formulación de ideas y conceptos. Estos deseos no conocen límite en la duración del tiempo, la extensión del espacio o la cantidad medida. No conocen límite en cuanto a «calidad», satisfacción y realización. No conocen límite y son tan «íntimos» que definen nuestra identidad como humanos y como personas, como sujetos cuyas acciones están motivadas precisamente por esos deseos originales de verdad, belleza, alegría, compañerismo y amor infinitos. Ninguna crítica, por intensa que sea, podrá destruir estos deseos originales, este vínculo con la eternidad, con las estrellas.

Recuerdo un debate entre el ateo y analista británico Bertrand Russell y el sacerdote jesuita e historiador filosófico Frederick Copleston. (El debate se transmitió por radio en la BBC y alcanzó altas cuotas de oyentes. ¡Cómo han cambiado los tiempos!) Al llegar a cierto punto, Lord Russell dijo que había «preguntas que no se podían hacer». En particular, la pregunta «¿Por qué?» no es válida a menudo. Por supuesto, Copleston se indignó. Estas preguntas surgen espontáneamente entre nosotros, observó. Entonces, preguntó, ¿por qué debemos aplastarlas?

Al ateísmo le complace presentarse como el modo liberador, «abierto» de vida, si se le compara con lo que se percibe como el modo de vida religioso abnegado y restrictivo. Y, sin embargo, en términos de los deseos más fundamentales del corazón, el ateísmo parece exigir que suprimamos nuestras experiencias más intensas, las experiencias de las necesidades que nos definen como personas concretamente únicas e irrepetibles. En resumen, el ateísmo nos pide que suprimamos la pregunta «¿Por qué?». Aunque las preguntas acerca del sentido y el fin de la vida —el «¿por qué?» de la vida— estarán siempre con nosotros. Son hechos contundentes de la vida humana, a pesar de lo terribles que puedan parecer.

Los deseos del corazón —en especial, el deseo de saber por qué— no deben turbarnos. O bien la religión es la búsqueda razonable de la satisfacción de todos los deseos originales del corazón o es una pérdida de tiempo perjudicial, divisionista y peligrosa. Si este es el caso, entonces Nietzsche tenía toda la razón: debemos ser ateos, no porque parezca razonable, sino porque nosotros mismos deseamos serlo.

Con el fin de ser ateos coherentes y reales, habrá que educar y adiestrar nuestras voluntades. Esto evitará que los deseos del corazón se escapen de nuestras regiones más profundas y nos turben cuando nos convirtamos en ciudadanos de avanzada edad, regresando al modo en que veíamos las cosas en nuestra infancia. Para conseguirlo, necesitaremos un sistema de educación en el que estos deseos se reduzcan de manera sistemática. Necesitaremos una educación en la que jamás se mencione el posible vínculo con el infinito, una educación en la que nuestro único vínculo reconocido con las estrellas sea que la cosmología demuestre que estamos hechos de la misma materia prima: todo esto será necesario para evitar que estos deseos salgan repentinamente de los corazones de nuestros jóvenes, conduciéndoles a cuestionar todo compromiso que hayamos hecho y a demandar lo que nuestros criterios actuales sobre sexualidad, nuestro sistema económico y nuestra política no pueden proporcionar. Si cuestionan la legitimidad de los poderes gobernantes, ¿quién sabe lo que puede ocurrir? Mejor arriesgarnos a su desesperanza que a su revolución.

Permítanme compartir algunas anécdotas personales acerca de la reducción del deseo. La primera es un tanto banal; la segunda no lo es y está próxima al espíritu de todo este libro.

Hace algún tiempo, una estudiante me llevó en coche hasta un edificio de la universidad, una residencia para sacerdotes, donde me habían invitado a pasar la noche. Cuando llegamos, había un espacio enorme para estacionar frente a la residencia con un cartel que decía «Reservado para residentes», es decir, los sacerdotes residentes. Dije: «Bueno, estacionemos ahí delante». Pero para mi sorpresa, dobló a la derecha y continuó hasta el estacionamiento para el público, un estacionamiento que, para una persona de mi tamaño, ¡parecía estar a 10 kilómetros de distancia! Está claro que la distancia no era un problema para ella —delgadita, pequeña, podía recorrer con facilidad esa distancia—, pero sí lo era para mí.

Le dije: «Oye, ¿viste ese espacio para estacionar que había allá atrás?». Me replicó: «Sí, pero es para los sacerdotes residentes». Y le contesté: «¡Un momento! En primer lugar, tenemos que bajar el equipaje. En segundo lugar, seré un sacerdote residente de este edificio durante esta noche, de manera que tengo derecho a ese estacionamiento como sacerdote residente». Continué: «Así que me parece que tenemos derecho a estacionar allí».

Ella no quedó totalmente convencida con mi argumento, pues reconozco que quizás se pasaba de los justos límites. ¡Pero lo que me asombró fue que no se sintió atraída por él! No tenía ningún deseo de estacionar más cerca. Se lo dije: «Sufres una reducción del deseo». Ahora bien, mi deseo de estacionar frente al edificio era tan grande que iba a buscar la más mínima justificación para poder hacerlo. Pero ella ni siquiera se esforzó. No le importaba recorrer varios kilómetros para estacionar en la parcela estudiantil.

La respuesta de esta conductora a la situación del estacionamiento es emblemática para mí en lo que al problema de la reducción del deseo se refiere. Ella no estacionó frente al edificio porque el sistema educativo, con sus leyes y castigos por quebrantar la ley, la había adiestrado para que aceptase su lugar como estudiante y no tenía ninguna ambición que pudiese ir más allá de su lugar correcto en la sociedad. Por eso es que el poder sigue estando en el poder: porque reduce nuestro deseo.

La segunda anécdota que deseo compartir es bastante diferente. La BBC hizo una entrevista con Dennis Potter, un famoso novelista, guionista de televisión, escritor y autor teatral inglés. Por la época de esta entrevista, Potter ya sabía que se estaba muriendo de cáncer. De hecho, se llevó los medicamentos contra el dolor al estudio. Insistió en hacer la entrevista en el estudio para demostrar que tenía fuerza como para conseguirlo.

La entrevista fue imponente, hermosa. Potter era ingenioso, inteligente, sensible y muy divertido. Se enfrentaba a su muerte inminente con una gran tranquilidad, excepto en un punto: deseaba desesperadamente terminar su última obra. Una vez que hubiese terminado esa última obra, dijo, estaría listo para irse, no pedía más tiempo, no suplicaría a algún poder desconocido que le dejase vivir más tiempo. (Parece que Potter consiguió terminar la obra y murió poco tiempo después.)

Estuve viendo el programa con unos amigos, un grupo de intelectuales, profesores y artistas de mucho talento. En la discusión que siguió, me asombró el hecho de que todos se sintiesen inspirados por la entrevista. La llamaron un ejemplo del triunfo del espíritu humano. Yo me sentí incómodo, porque, a diferencia de ellos, estaba totalmente deprimido. Mis amigos observaron que estaba en silencio y me obligaron a dar mi opinión. Tuve que confesar públicamente que pensaba que la entrevista había sido una de las cosas más tristes que había visto jamás. Casi me había hecho verter lágrimas, pero no lágrimas de alegría, sino de tristeza. Un amigo me miró y preguntó: «¿Por qué estás deprimido?». Para mí, esta cuestión venía a ser el equivalente de «¿Por qué te gusta el aire fresco? ¿Por qué quieres comer cuando tienes hambre? ¿Por qué quisieras ganar la lotería? ¿Por qué quisieras tener el triple de tu sueldo actual? ¿Por qué te gustaría tener un estacionamiento gratis para siempre en el centro de Manhattan?».

Siento que la reacción de mis amigos ante la entrevista fue curiosa, como también ellos deben haber pensado que lo fue la mía. ¿Por qué estaba deprimido? Porque Dennis Potter estaba muerto. No habría ninguna otra obra de Dennis Potter. No volveríamos a oír su voz o sus observaciones sobre la vida. Nunca más escucharíamos sus comentarios o ingeniosidades. Se había ido. Estaba tan muerto como el loro de Monty Python. ¿Un «triunfo del espíritu humano»? Lo vi como una derrota del espíritu humano, que era incapaz de mantener vivo a este hombre.

Mi deseo era que él no muriese, porque yo deseo que todos nosotros vivamos para siempre. La muerte es un insulto a nuestro ser, hecho para vivir para siempre; como tal, es una contradicción. La muerte no es algo natural para los seres humanos. Pero si ustedes dicen que desean vivir para siempre, se sentirán violentos de algún modo. Se ha convertido en algo políticamente incorrecto decir que deseamos vivir para siempre, pero si suprimimos los deseos del corazón, entonces no habrá esperanza de llegar a resolver algunas de las grandes diferencias que nos dividen. Además, si las suprimimos, nos estamos abriendo a la manipulación por parte de poderes que, de otro modo, estarían amenazados por estos deseos del corazón.

Los poderes amenazados por una explosión de los deseos originales del corazón predican que no importa lo razonable, lo necesaria, lo importante que sea la búsqueda religiosa, al final, nuestros esfuerzos no podrán hallar lo que se busca. La gente se lo cree y los deseos del corazón permanecen tan insatisfechos como siempre. Nos podríamos colgar piedras alrededor de esas partes asociadas con los deseos insatisfechos: los genitales, obviamente, pero también los párpados, las orejas, la nariz, las piernas y la lengua.

A menos que...

A menos que haya algo más que esta búsqueda.

Más allá de la religión

El peligro de la religión

Una tira cómica del *New Yorker* muestra a un ermitaño ligero de ropa, a la entrada de una caverna situada en una región montañosa. Se supone que un hombre que estaba buscando auxilio espiritual le ha preguntado por el sentido de la vida. El pie del dibujo es su respuesta: «¿Usted cree que si yo supiese el sentido de la vida estaría viviendo en calzoncillos en esta cueva?».

Es evidente que se trata de un ermitaño sabio y espiritual. Reconoce que su búsqueda del sentido último de la vida, su búsqueda religiosa, no ha terminado. No podrá terminar si no es realmente religiosa. Recuerden que el «sentido de la vida» se halla en nuestro vínculo con el infinito, con la eternidad, con el misterio absoluto. La búsqueda auténticamente religiosa intenta permanecer dentro de este vínculo y, por tanto, jamás llega a su meta. Siempre va dirigida hacia el más allá.

Lo que hace que la religión sea fascinante y valiosa es también lo que la hace más frustrante. Por tanto, no es ninguna maravilla que nos sintamos tentados de abandonar, de dejar de buscar, de decirnos que no tiene sentido o —lo que es peor, mucho peor— de creer que la hemos culminado.

¿Han notado que muchos horrendos homicidas y asesinos en serie han sido, alguna vez, personas muy religiosas? Siempre he mirado con profunda sospecha a mis más piadosos monaguillos, maravillándome de lo que podría estar pasando por sus mentes con inquietudes religiosas. (Las monaguillas son relativamente recientes y, por tanto, todavía no hay pruebas suficientes de lo que ocurre cuando su búsqueda religiosa se descarrila. Me imagino que todas ellas llegarán a parecerse a la famosa Pasionaria de la Guerra Civil Española.) ¿Y qué sucede con los dictadores totalitaristas y los revolucionarios fanáticos? Resulta que muchos de ellos fueron niños muy religiosos, educados en los mejores colegios religiosos más conservadores.

Creer que hemos hallado la respuesta al sentido de la vida mediante nuestros esfuerzos religiosos a este lado de la eternidad podría recibir también el nombre de idolatría. Sucede cuando identificamos una realidad terrenal como el Misterio, como Dios, como la fuente del sentido y el fin. Cuando esta realidad es una idea o una convicción religiosa, se le llama ideología. Y todos sabemos muy bien a dónde nos conduce.

Resulta gracioso que se tema a la religión porque conduce a divisiones, persecuciones y guerras. Y, no obstante, si una religión es auténtica, si es realmente una búsqueda razonable del Infinito y lo Eterno, será todo lo contrario. La religión nos ahorrará divisiones hostiles, así como guerras y persecuciones ideológicas, llevándonos siempre más allá de lo temporal y definible. Será una defensa poderosa contra poderes absolutistas. No sorprende que los gobiernos totalitarios intenten domesticar o aplastar la búsqueda religiosa.

Sin embargo, resulta muy, muy difícil continuar la búsqueda religiosa para siempre. O bien identificamos consciente o inconscientemente el Misterio con una realidad terrenal, o comenzamos a preguntarnos si realmente vale la pena el esfuerzo, o concluimos que es sencillamente inhumano. Pero si llegase de repente, si descubriésemos el sentido de la vida un día cualquiera a las dos de la tarde, ¿qué haríamos esa noche? ¿No se tornaría aburrida la vida? Más aún, ¿no nos volveríamos nosotros aburridos? ¡Por lo menos, la búsqueda, el esfuerzo y la lucha nos harán tolerantes y libres de perjuicios hacia aquellos que no han buscado su «sentido de la vida» por donde ustedes buscan el suyo!

Once de septiembre de 2001

Uno de los ejemplos más devastadores del peligro de la religión es, por supuesto, el 11 de septiembre de 2001. Al principio, se hizo claro que el origen definitivo del ataque contra nosotros era religioso. Los terroristas no pensaban que al destruir las Torres Gemelas y parte del Pentágono iban a herir mortalmente al poder norteamericano. Los objetivos se eligieron como símbolos de poder. Fue un gesto simbólico, por decirlo así, el tipo de declaración o afirmación típica de la conducta religiosa. Las personas que incrustaron estos aviones en el World Trade Center y el Pentágono se consideraban mártires religiosos. Tenemos una prueba indiscutible de esto en los escritos que dejó uno de ellos en el automóvil que tomó para ir al aeropuerto, escritos que le instaban a pensar en el paraíso que le aguardaba y no en el miedo a morir. Pero en vez de enfrentarnos a la evidencia de su devoción religiosa, encontramos entonces toda clase de vías para evitar la cuestión. Se dijo que los terroristas no eran auténticamente religiosos, que estaban utilizando la religión para justificar su odio o que simplemente estaban locos de remate.

Las personas religiosas se molestaron en insistir en que esta clase de conducta era absolutamente incompatible con cualquier religión auténtica, más aún incluso con el Islam, del que los terroristas creían que eran seguidores. Independientemente de lo que se pueda decir acerca de la religión utilizada para justificar el odio que inspiraron dichas acciones, hay que echar una mirada a la naturaleza religiosa del odio mismo. Este es el problema al que han tenido que enfrentarse muchos.

Durante la primera semana después del horror, escuché a dos personas que intentaban comprender la naturaleza religiosa de lo que había sucedido. Uno era David Letterman. Es posible que su espectáculo no sea el mejor foro para las discusiones religiosas, pero Letterman repitió varias veces que quería comprender cómo era posible reivindicar una motivación religiosa para tanta violencia contra personas inocentes. Durante una semana, trajo al programa el desfile usual de gurús televisivos de la cultura, pero no pudieron dar respuesta —ni siquiera comprender realmente— la cuestión. Hacia el final de esa semana, Letterman se dio por vencido. El nivel más profundo que se alcanzó fue, como suele ser, el psicológico o quizás incluso el «filosófico», en concreto, un conflicto entre criterios referentes a la libertad y los derechos humanos.

La otra persona que reconoció en público la naturaleza definitivamente religiosa del conflicto fue Jerry Falwell, antes de que se le condujese a afirmar que no se había expresado de manera correcta. La afirmación que se le atribuyó, de que los ataques habían sido un juicio de Dios a Estados Unidos, era equivocada, pero al menos reconoció que había una relación entre lo sucedido y nuestra propia conducta religiosa. Es importante intentar recuperar esta nueva percepción.

Para hacerlo, tenemos que rechazar de modo absoluto toda sugerencia de equivalencia moral, como si fuese un asunto de números o actos malvados intercambiables. No hay absolutamente nada que cualquiera pueda haber hecho en cualquier momento que justifique la muerte de una sola persona inocente, por no hablar de tres mil. Dicha sugerencia es indignante. Creo que debemos rechazar también la opinión de que Dios permitió que ocurriese el 11 de septiembre para hacernos conscientes de los atentados de nuestra cultura contra la vida y la naturaleza humanas. No sé cómo podemos decir cosas como estas y no vernos en compañía de aquellos teólogos y amigos religiosos de Job, que intentaban explicarle el motivo de sus sufrimientos. Recordemos que Dios rechazó sus argumentos y no ofreció a Job ninguna explicación de lo que había ocurrido. En cambio, le hizo preguntas que condujeron a Job a reconocer que Dios sería siempre un Misterio más allá de la comprensión humana. Lo que importaba era saber que este Misterio no era su enemigo.

Desconozco hasta qué punto fueron de verdad religiosas las motivaciones personales de los líderes que planearon este ataque. Pero aunque estuviesen motivados puramente por un deseo de poder, su éxito se debió a su llamamiento al sentido religioso de sus seguidores. El tener como objetivo a Estados Unidos puede haberse debido a las realidades del compromiso político, militar y económico en «su» mundo, pero los atacantes apelaron a una interpretación religiosa del significado definitivo de este compromiso para justificar su guerra como una guerra «santa».

Algunos afirman que se trata de un «conflicto entre civilizaciones». Pienso que tenemos que ser muy cuidadosos con estas palabras. En efecto, existe en el mundo de hoy un conflicto entre civilizaciones, en realidad, muchos de estos conflictos. La descomposición de las fronteras nacionales, característica de la llamada «aldea global», y la expansión por todas partes de una cultura al estilo norteamericano se perciben de hecho como una amenaza por las personas que no han estado expuestas a los cambios de la modernidad. (Es interesante observar también que, dentro de la presente cultura global dominante, hay personas que temen la creciente presencia en nuestro medio de personas procedentes de esas mismas culturas amenazadas por nuestra influencia y nuestro poder.) Esta situación es el trasfondo de la presente crisis, pero es sólo eso, un trasfondo para la manifestación de otro conflicto, uno que ha estado presente desde el principio de la historia humana. El conflicto con los terroristas se alimenta de este otro conflicto de un modo característico de la época actual, pero es un conflicto antiguo.

Este conflicto más profundo no es entre una civilización y otra; este conflicto es entre todas las civilizaciones y una anticivilización. La civilización es un triunfo contra las fuerzas de la violencia indiscriminada, la intolerancia y la consecución del poder, que pueden encarnarse en el terrorismo, ya que el terrorismo ha existido dentro de todas las civilizaciones, amenazando sus mejores conquistas.

Repito que se trata de un conflicto religioso en su nivel más profundo. Es asombroso que la primera guerra global del siglo XXI, del comienzo del nuevo milenio, sea una guerra de religiones. Demuestra que el siglo XX no fue tan secular después de todo; lo que a menudo se consideró como secularismo fue, en realidad, otra forma de religión; fue religión sin trascendencia real.

Es decir, que no se trata de un conflicto entre una religión, el Islam, y el secularismo occidental. Es un conflicto dentro del propio mundo religioso, en el que el secularismo es, a menudo, una posición religiosa. Es un conflicto entre formas diferentes de nuestra relación con la trascendencia y el Misterio. Este conflicto existe dentro de la propia civilización occidental, como existe dentro de la civilización islámica. Existe dentro de todas las civilizaciones humanas. Es un conflicto en el interior de la propia estructura de la humanidad.

El ser humano se caracteriza por el sentido religioso, es decir, la búsqueda del sentido de la vida, de qué hace que la vida sea valiosa. Si no es desviado de su curso por algo externo a este impulso humano, el sentido religioso llevará a hombres y mujeres a reconocer que esta fuente de sentido, valor y fin está situada, por decirlo así, en un Misterio más allá de cualquier cosa que nuestro entendimiento pueda comprender o imaginar, pero con el que necesitamos estar en contacto para vivir según todas las posibilidades, todos los deseos del corazón humano.

Sin embargo, debido a la frustración de ser incapaces de alcanzar este Misterio, así como a una herida misteriosa —un funcionamiento defectuoso— dentro del propio sentido religioso, esta búsqueda del Misterio se interrumpe. Cualquier cosa que permita a la religión alentar a una persona a secuestrar aviones e incrustarlos de lleno contra edificios o a atarse una bomba al cuerpo para hacerla explotar en un supermercado y matar a docenas de personas es un funcionamiento defectuoso en la naturaleza de la búsqueda religiosa. La búsqueda religiosa debe ser una afirmación de la vida; de repente, se ha convertido en la antiexistencia. Algo se ha descarrilado por completo. El conflicto religioso es un conflicto entre una religión abierta al Misterio infinito y una religión que ha creado ídolos, sustitutos del Misterio, ante los que se está dispuesto a hacer sacrificios.

El ídolo al que apelan los terroristas es una ideología abstracta, interpretada por un sentido religioso distorsionado. Ellos pueden equipararla con la «civilización islámica», pero la civilización es, precisamente, el triunfo sobre su modo de pensar. Los terroristas representan un conflicto dentro del mundo islámico, al igual que otros terroristas han representado conflictos entre los mundos judío y cristiano. Los mismos cimientos de toda civilización han sido atacados, no por la fe islámica, sino por un ídolo creado por supuestos partidarios de la fe islámica. La civilización islámica está sometida también a un ataque. No debemos caer en el error de construirnos nuestro propio ídolo y llamarlo «Civilización Occidental». Por el contrario, como civilización, la nuestra se originó exactamente donde lo hizo el Islam, es decir, dentro de una experiencia religiosa del Misterio, asociada a un hecho histórico llamado «la elección de Abraham». Un diálogo verdadero entre Occidente y el mundo islámico debe basarse en este origen común y sus implicaciones. La civilización occidental tiene que intentar redescubrir lo que significa su propio origen en la llamada de Abraham, en términos de su visión del sentido religioso.

Por tanto, más allá de la necesidad (y la obligación moral), que no puede negarse, de proteger nuestra libertad y los logros de nuestra civilización por medio de una campaña militar defensiva, lo más importante que hay que hacer es purificar nuestra propia civilización de los ídolos que se han creado en ella. Es decir, debemos intentar recuperar las percepciones y convicciones fundamentales que dieron origen a nuestros esfuerzos civilizadores, a los ideales, valores y convicciones a los que apelamos con el fin de formular las normas de convivencia y colaboración.

El valor fundamental es la dignidad del ser humano. Todo lo demás depende de ello. En cuanto a la dignidad de la persona, es la norma ética que debe guiar nuestra conducta y nuestro criterio del progreso. Pero esta dignidad proviene del vínculo de la persona con la trascendencia, o sea, de la vocación del ser humano por la trascendencia, la vocación de establecer una relación con el Misterio infinito, que define la gama de posibilidades humanas para la realización de nuestro deseo de felicidad. Esta vocación es la única base segura para lo que experimentamos cuando hablamos de libertad.

El vínculo entre la llamada civilización occidental y el Misterio ha sido la experiencia religiosa preservada en el judaísmo y heredada por la fe cristiana. Debemos recuperar esta percepción original con el fin de ser fieles a nuestro componente cultural auténtico, a la tradición civilizadora. Esto requiere que nos neguemos a identificar este Misterio con todo lo que tenga su origen en cualquier idolatría o ideología que intente forzar la vida humana para conformar su visión restringida del Misterio. La afirmación de una verdadera trascendencia es la base sobre la cual preservamos y defendemos nuestros logros culturales, en especial, nuestro entendimiento de la libertad. De aquí proviene también un respecto auténtico por la tolerancia, la diversidad y los derechos humanos. Esta es también la mejor defensa contra una manipulación por parte del poder, incluido el poder del Estado o el poder de los que controlan los recursos necesarios para el crecimiento y el desarrollo humanos. Por último, esta convicción es también la base para nuestra visión de la primacía de las relaciones interpersonales libremente elegidas sobre todas las disposiciones sociales propuestas o incluso impuestas sobre nosotros por el poder de las mayorías.

Los ideales que animan nuestras civilizaciones reflejan el clamor del corazón humano por la justicia y la paz en el marco de la consecución de la felicidad. El problema surge cuando estos ideales se «envuelven en teoría», para utilizar las palabras de Flannery O'Con-

160

nor. Cuando los ideales se envuelven en teoría, pueden tornarse realmente peligrosos y mortales, pueden utilizarse para justificar toda clase de actos que, en realidad, están motivados por la ira y el deseo de venganza. Pero, ¿cómo se puede proteger el sentido religioso de una degeneración en una «teoría» que dé origen a la destrucción y la violencia?

El siglo XX no pudo resolver el dilema de la necesidad y el peligro de la religión. Esta será la gran cuestión de nuestro nuevo siglo. Pero, para responder a ella, creo que tenemos que buscar más allá de la religión esa experiencia que ha dado en llamarse «gracia».

Pluralismo religioso norteamericano

Los padres fundadores invocaron el sagrado pluralismo religioso, a la vez que lo defendían. Hoy día, este país ha conseguido ser, simultáneamente, el país más religioso y el más secular del mundo. Florecen miles de opciones religiosas y son (muy) bien acogidas en la vida social. Sus efectos sociales positivos están tan bien establecidos que ahora reciben ayudas financieras del gobierno. Cuando toman parte de alguna manera en la conversación, es más frecuente que se invite a los miembros del clero a formar parte de jurados de primerísima categoría y no que se les ataque en las cenas.

Además, la experiencia de lo sagrado ha demostrado ser inextirpable. A lo largo de décadas de intentos sistemáticos de eliminar el pensamiento religioso, la humanidad ha sobrevivido apenas a las visiones más monstruosas de lo sagrado: la nación sagrada, la raza sagrada, el partido sagrado y el Estado. Hoy día, existe la posibilidad de que se produzca una reacción contra este esfuerzo radical de secularización de las maneras más inesperadas y, en ocasiones, más sorprendentes. A veces, los norteamericanos parecen dispuestos a sacralizar todo lo que tienen a la vista. (Acabo de escuchar de una pareja —¡científicos investigadores!— que hicieron sus votos matrimoniales en presencia de un «árbol sagrado». También durante los horarios de madrugada, la mayoría de los anuncios de *The Weather Channel* (Canal meteorológico) suelen ser sobre la adivinación del futuro mediante la cartomancia, lo que lleva a que un meteorólogo asegure a la audiencia que sus predicciones del tiempo no se basan en el tarot.)

Desde luego que estos indicios de que el pluralismo religioso está vivo y goza de buena salud quizás son, a veces, algo confusos. Al mismo tiempo, estos acontecimientos apuntan a un deseo de lo sagrado, un hecho por el que debemos estar agradecidos.

Tolerancia

L a experiencia religiosa, el instinto hacia la eternidad, es una pasión humana igual que muchas otras, incluida la pasión sexual, con la que está relacionada estrechamente, como hemos visto. La experiencia de los temas sagrados para un modo de vida, para una cultura, que define una forma de relacionarse con «otros» y tratarlos, tiene consecuencias políticas inevitables. Una sociedad —en efecto, un mundo— caracterizada por experiencias conflictivas de lo sagrado, experiencias divergentes de lo que es la vida humana en general, ha de hallar una vía para estructurar políticamente la tolerancia que nos permitirá vivir en la consecución pacífica de sus convicciones acerca de cómo los humanos han de prosperar. Esta ha sido la principal preocupación de las llamadas «sociedades liberales».

Sin embargo, en el liberalismo contemporáneo, existe un animado debate sobre si es posible hallar una base común para el discurso racional y la tolerancia, un puente entre diferentes percepciones de lo sagrado, diferentes convicciones acerca de lo que constituye el bien humano. Algunas personas están convencidas de que es imposible. Sugieren que la experiencia de lo sagrado es siempre divisiva. Por ejemplo, en *Two Faces of Liberalism* (*Las dos caras del liberalismo*), John Gray apela a los liberales para que abandonen toda reivindicación de la tolerancia basada en valores «universales», que parecen rebasar diferentes concepciones del bien y lo sagrado. «La experiencia común —escribió— y la evidencia de la historia muestran a los seres humanos prosperando en formas de vida que son muy diferentes unas de otras. Nadie puede reivindicar de manera razonable ser la encarnación de una prosperidad que es únicamente humana. Si hay algo distintivo en la especie humana, es que puede prosperar por una gran variedad de vías.» Gray sugiere que la tolerancia debe estructurarse políticamente, no en la búsqueda de un consenso racional para superar las diferentes percepciones de los bienes humanos últimos, sino como condición de paz, que acoge modos divergentes de vida como señales de diversidad en la buena vida.

Pregunté a Peter Berkowitz, quien ha escrito acerca del lugar de la virtud en el pensamiento liberal, si pensaba que la tolerancia era compatible con la experiencia de lo sagrado. «¿Qué nos guarda de desear aplastar a aquellos que sostienen criterios inconmensurables con los nuestros? —respondió—. ¿Acaso no es el mero intento de estructurar políticamente una coexistencia pacífica entre ellos una respuesta a una percepción de la inviolabilidad de la dignidad de la conciencia individual? Dígame si no es una indicación de la experiencia de lo sagrado.»

Si somos fieles a lo sagrado, al Misterio, a lo que llamamos Dios, seguiremos buscando siempre, porque jamás lo encontraremos, estará siempre más allá, será siempre más. Las personas auténticamente religiosas lo saben y esto les conduce a cierta humildad en el sentido de no desear identificar nada en este mundo con Dios, con el Absoluto. En el judaísmo, jamás se pronuncia el nombre de Dios;

tampoco construyen imágenes. Si ustedes quieren, esta es una manifestación de la trascendencia absoluta del Misterio. El problema surge cuando, por cualquier razón, el Misterio se identifica con algo de este mundo. Pero eso ya no es religión; es lo que se llama revelación. Si el Absoluto se identifica con algo en esta tierra, necesitaremos cerciorarnos de que dicha identificación no amenazará la supervivencia de quien no esté alineado con ese algo.

¿Es razonable la revelación?

La idea de que el Misterio está presente de algún modo como una realidad dentro de este mundo no es, en verdad, religión, sino *revelación*. La revelación es la presencia del Misterio aquí y ahora; la respuesta a la revelación se llama fe. La fe es el reconocimiento de la presencia del Misterio a través de las realidades terrenales. Y para plantear las cosas con franqueza, es fe, y no religión, lo que parece ser la mayor amenaza para la libertad y la diversidad humanas. La libertad religiosa en Estados Unidos, por ejemplo, parece posible porque el contenido de la fe está relegado a la esfera privada de la vida. El reconocimiento público y el espacio para la dimensión religiosa de la vida están bien, pero sólo en tanto estén libres de contenido, por decirlo así.

Debo decir que comprendo perfectamente esta posición. En tanto no descarrila, la religión se niega a localizar lo sagrado mismo en este mundo y, de esta manera, es una aliada de la libertad. Por otra parte, la fe tiende a identificar el Misterio con una presencia específica en este mundo y esto crea problemas para los que localizan el misterio en cualquier parte del mundo (o en ninguna parte en absoluto). Los creyentes consideran que estas personas quedan excluidas de los beneficios de la «verdadera» religión, como infieles que son, a lo mejor ignorantes y, a lo peor, culpables de impiedad y, por tanto, están condenados.

Por eso es que las tres «religiones» que no se basan en la búsqueda religiosa, sino en la revelación, son acusadas con tanta frecuencia de ser divisivas. El judaísmo, el cristianismo y el islamismo identifican las realidades históricas terrenales (un pueblo concreto, un individuo, una iglesia, un libro, ya sea juntos o separados) como encarnaciones del Misterio definitivo y, por tanto, como portadores de su «autoridad» para definir el sentido de la vida. En una discusión reciente entre el cardenal Joseph Ratzinger y un destacado ateo italiano, el ateo dijo que la religión como tal no era un problema, que los ateos podían acogerla como una buena influencia en la sociedad, en tanto se abstuviese de efectuar «reivindicaciones de la verdad», es decir, en tanto se autolimitase a la promoción de valores. El cardenal Ratzinger insistió en que esto sería imposible, puesto que reduciría la cristiandad a una pura religión, en vez de una fe que se origina en la revelación, en una encarnación.

Así que tenemos un problema. Si el sentido religioso es siempre encontrar la satisfacción que busca, tiene que evitar identificar el Misterio con cualquier realidad terrenal. Sólo resta esperar alguna clase de encarnación del Misterio. Pero en el momento en que esta revelación entra en nuestro mundo, ¿acaso no diviniza la realidad terrenal mediante la cual tiene lugar la revelación? Como resultado de ello, ¿no sería necesario percibirla como limitante, restrictiva de las posibilidades humanas, con una autoridad que amenaza la libertad religiosa de aquellos que no pueden aceptar esta revelación particular?

No veo cómo puede resolverse este problema, a menos que la revelación se vea como intrínsecamente creadora de la libertad, la alteridad y la diversidad, y no como una imposición sobre ellas. Pero, ¿cómo es posible imaginarse esto? ¿Puede la razón humana ir tan lejos como para imaginar el modo en que esta revelación tendrá lugar?

Es cierto que la razón no puede entender por completo el Misterio, pero esto no significa que sea la antirrazón, puesto que la razón en sí es una señal del Misterio. Una revelación o encarnación no es en absoluto incompatible con la razón, puesto que la razón es una apertura de este mundo al infinito. Como tal, la razón no puede limitar la posibilidad de una encarnación. De hecho, puede y tiene la esperanza de que ocurra.

La humildad
de la trascendencia

C omo ejemplo sugestivo de cómo esto puede imaginarse, inten-
taré seguir aquí el argumento del filósofo judío Emmanuel
Levinas, a quien ya hemos conocido, en su breve pero extraordinario artículo «¿Un hombre dios?», incluido en su libro *Entre nous*
(*Entre nosotros*). Exculpación académica: al resumir su argumento,
también puedo vulgarizarlo y tergiversarlo, ¡pero esto nunca me ha
frenado antes! Aún más, la obra de Levinas es tan rica que nos invi-
ta a pensar con él, aun cuando no acertemos en todos los detalles.
Exculpación teológica: lo que sigue son amplias nociones gene-
rales, que se han de desarrollar con posterioridad para evitar que
se conviertan en un caldo de cultivo fértil para las herejías, a las
que, por buenas razones, renuncio por adelantado. Basta recordar
durante cuántos siglos tuvo que debatir la Iglesia sus doctrinas
trinitarias y cristológicas oficiales antes de sus definiciones con-
ciliares en Nicea, Éfeso, Calcedonia y Constantinopla. ¡Incluso el
cardenal Ratzinger reconoce que, llegado un punto, casi cada palabra de las relacionadas con estas doctrinas fue condenada porque
no había sido definida con precisión! Pero, en cierto sentido, este

no es el lugar para todo ese trabajo, de manera que seguiré adelante con la idea básica.

Levinas habla de la encarnación como el descenso del Creador al nivel de la criatura, como «la actividad más activa absorbida en la pasividad más pasiva». ¿Acaso es esto posible? ¿Sobreviviría el Misterio a dicha absorción? ¿Sobreviviría la creación a dicha divinización? En cualquier caso, según el sentido religioso, mientras más nos aproximemos al misterio infinito más absolutamente inalcanzable se nos aparecerá. Parece que no hay manera de que Dios pueda formar parte de nuestra vida humana. En consecuencia, parecería que una encarnación es sencillamente imposible.

En el criterio pagano de la encarnación, el Misterio pierde realmente algo de su divinidad, a menos, por supuesto, que se vea la encarnación como un mito, una metáfora o poesía. Con el fin de proteger la trascendencia y la universalidad en este sistema religioso, hay que sacrificar la intimidad, de manera que el Divino permanecerá a la larga indiferente ante el mundo humano. Esta manera preserva un «orden» jerárquico, no perturbado por nada. Todos los cambios, las pasiones y las luchas humanas se silencian al final cuando son absorbidas por este «orden».

En esta concepción de la vida, no queda espacio para nada realmente nuevo, inexplicable o milagroso. Si acaso existiese una encarnación, todo debería ser Dios o, entonces, no habría más Dios. Dios y un ser humano libre no pueden coexistir. O bien Dios nos destruye o nosotros destruimos a Dios. ¿Quién piensan ustedes que tiene la mayor probabilidad de ganar? Las hormigas de García Lorca tenían razón. Parece que mirar las estrellas destruye la «ley» según la cual vive este mundo.

¡Pero la hormiguita había visto las estrellas! Como resultado, se convirtió en una amenaza para el «orden», fue perseguida y asesinada. Según Levinas, si hubiese tenido lugar una encarnación real, una «revelación» verdadera que no destruyese ni hiriese a ninguna de las partes, el Misterio podría haber estado presente en ello y ante el mundo, pero sólo como «verdad perseguida», como en el poema de García Lorca. El Misterio encarnado se identificaría con el «derrotado, el pobre y el perseguido».

Levinas llama a este escenario «la humillación autoinfligida del Ser Supremo». Según su opinión, la encarnación de la trascendencia se mostraría a sí misma como humildad absoluta, no como una virtud de un sujeto libre, sino como un modo de ser un sujeto.

Lo entiendo, pero tengo reservas respecto a las palabras «infligida» y «humillación». Por el contrario, quizás podamos decir que la divinidad misma contiene una «franqueza» ante la encarnación. En este caso, el origen de lo que llamamos humildad existiría «dentro» de la vida divina.

Levinas se refiere al «derrotismo» que parece acompañar dicha encarnación, caracterizado por una «timidez que no se arriesga a arriesgar», un «cuestionamiento que no tiene el atrevimiento de cuestionar».

Estas palabras parecen insinuar que el acontecimiento de una tal encarnación no nos enfrentaría a una demanda que sería imposible ignorar, de manera que nada cambiaría en lo fundamental. Pero la cuestión es que un tal no cuestionamiento indefenso es el cuestionamiento más vigoroso que existe; una tal falta de audacia, la forma o la figura de la mayor audacia imaginable; una tal timidez en arriesgar, el atrevimiento más osado de todos.

Como dice Levinas, un hecho como este «trastorna de manera absoluta», puesto que «no es de este mundo».

El quizás necesario

La encarnación impotente de lo infinitamente potente demuestra que el poder divino no es del género que conocemos y se le teme con toda justicia por amenazar la libertad en este mundo. Por el contrario, esta clase de «poder sin poder» (¿Recuerdan *The Power of the Powerless* [*El poder de los sin poder*] de Václav Havel?) es una ambigüedad, una perturbación en el «orden» universal.

Quizás esta ambigüedad pueda relacionarse con el persistente «quizás» del que Ratzinger escribe en *Introduction to Christianity* (*Introducción al cristianismo*), trayendo a la memoria el relato de Martin Buber de una historia judía acerca del encuentro entre un ateo y un creyente. La historia es tan maravillosa y esta cuestión es tan decisiva, que la citaré aquí en su totalidad: «Un partidario de la Ilustración, un hombre muy culto que había oído hablar del Rabino de Berditchev, le hizo una visita con el fin de polemizar, como era su costumbre, también con él y hacer añicos sus anticuadas pruebas de la verdad de su fe. Al entrar en la habitación del Rabino, lo halló caminando de un lado para otro con un libro en la mano, inmerso en sus pensamientos. El Rabino no prestó atención al recién llegado. De repente, se detuvo, le miró fugazmente y dijo:

"Pero quizás sea verdad a pesar de todo". El erudito intentó en vano sosegarse, le temblaban las rodillas, tan terrible fue contemplar al Rabino y tan terrible escuchar sus únicas palabras. Sin embargo, el rabino Levi Itzhak volvió su rostro hacia él y habló con tranquilidad: "Hijo mío, los más grandes sabios de la Torah, con los que has polemizado, derrocharon sus palabras contigo; cuando te marchaste, te reías de ellos. Eran incapaces de poner a Dios y su Reino sobre una mesa ante ti, ni tampoco yo puedo hacerlo. Pero piensa, hijo mío, que quizás sea verdad". El partidario de la Ilustración se opuso a él con todas sus fuerzas; pero este terrible "quizás", que resonaba en él una y otra vez, quebró su resistencia».

Ratzinger comenta: «Tanto el creyente como el no creyente compartirán, cada uno a su manera, la duda *y* la creencia, si es que no quieren esconderse de sí mismos ni de la verdad de su existencia. Ninguno puede escapar de la duda o la creencia; para uno, la fe está presente *en contra* de la duda; para el otro, *mediante* la duda y en la *forma* de la duda».

¿No es esta la «ambigüedad» que Levinas espera que esté asociada con una encarnación real del Misterio? Demuestra que la fe no nos impide dialogar con los no creyentes, un diálogo que no es una táctica para el proselitismo, sino un reconocimiento honrado del espacio que se deja abierto por esta «ambigüedad».

Esta ambigüedad no está causada por un «fracaso de la inteligencia», según explica Levinas. No surge porque el Misterio excede la comprensión humana. No estamos hablando del «Misterio en sí», digamos, sino precisamente del Misterio revelado, encarnado. Este es el objeto de la fe. El rabino y el ateo de la historia no estaban discutiendo a «Dios» en general, como cierto concepto abstracto. Hablaban de fe, sobre el Dios de Israel, el Dios «encarnado» de algún

modo en la elección y el pacto con Israel. La ambigüedad no surge porque no sean suficientemente inteligentes; es parte del mismo
hecho de la encarnación en sí. Se debe «a la proximidad de Dios,
que sólo puede ocurrir en humildad», dice Levinas. La fe, afirma,
puede ocurrir sólo en el tránsito de ida y vuelta de la creencia a la
no creencia, como un sí al «riesgo y el peligro de la trascendencia».

Esto es quizás lo que permite que la fe sea fe, es decir, el reconocimiento de una Presencia que no necesita estar ahí, cuya realidad se ha experimentado como un puro don, como gracia.

Los rostros del pobre

Valoro las opiniones vertidas por Levinas, Buber y Ratzinger. Descubro un eco de lo que ellos dicen en mi propia experiencia de fe. Por otra parte, tengo dudas acerca de que la fe sea exclusivamente este tránsito de ida y vuelta de la creencia al ateísmo. ¿Realmente hay que estar en semejante estado de agitación constante? (Recuerden que el rabino caminaba de un lado a otro de su habitación; en el interior del ateo resonaban ecos que le llegaron a agotar y «quebraron su resistencia».) Quiero decir, ¿es posible creer (o no creer) y sentirse relajado? ¿Se sentará alguna vez el rabino y dejará de leer libros que infunden temor reverencial? ¿Puede sentarse simplemente a leer una novela de pacotilla? ¿Irá el ateo alguna vez a la playa sin sentirse obsesionado por el número de granos de arena o el significado del horizonte? Todas estas personas provienen de climas fríos. Quiero decir, ¿hubiese sido Kierkegaard precisamente Kierkegaard si hubiese nacido y vivido en Santo Domingo y hubiese jugado un gran partido de *baseball*? ¿Pueden estos tipos llegar a disfrutar alguna vez de verdad una pizza? ¿Pueden tener fe y gustarles bailar el merengue? ¿Qué habrían pensado de una encarnación, si les gustase la salsa o moverse con la exquisita melodía de la danza puertorriqueña? Gracias a Dios por Aquinas, que fue latino y gordo.

Hay una seria cuestión teológica detrás de mi pregunta: a pesar de su «alteración del orden», a pesar de su ambigüedad, ¿acaso no puede una encarnación del Misterio infinito adquirir una presencia tangible constante, una que, aunque no se origine en este mundo, se encuentre de alguna manera como en su casa en este mundo de su propia creación? Después de todo, las tres «fes» afirman la presencia constante de una revelación divina o una encarnación en un pueblo, un pacto, un individuo, un libro o un ritual que, a pesar de todas sus cualidades sorprendentes y numinosas, parecen bastante corrientes. ¿No puede la encarnación aparecer a la vez como algo corriente y absolutamente perturbador? ¿No puede estar, al mismo tiempo, totalmente cerrada e infinitamente más allá? Esto es lo que nuestros corazones desean de verdad: un Dios que sea íntimo a la vez que sigue siendo realmente Dios.

Levinas pone énfasis en la presencia personal como «rostro». El «rostro» es cómo una persona se presenta a otra; es una autoexposición ante el otro, hacia cada uno de los demás. En consecuencia, el rostro es el portador de la presencia personal, su símbolo eficaz, su sacramento (para utilizar otro término filosófico y teológico).

Cuando deseamos ocultarnos, cubrimos nuestros rostros. Algunas veces, el rostro delata emociones profundas que deseamos mantener en secreto. ¡Cuántas veces nos sentimos «traicionados» o «puestos en evidencia» por un sonrojo, un ceño fruncido, una lágrima o una sonrisa! El rostro nos hace vulnerables. Puede revelarnos en nuestra «desnudez más manifiesta, en la indefensión, sin recursos».

El Misterio encarnado tiene el rostro del pobre y el marginado, concebidos no de una manera conceptual, sino como personas concretas. El Misterio encarnado asume el lugar de esta persona impotente, específicamente vulnerable; para nosotros, el rostro del Misterio encarnado es el rostro de esa persona.

Todas las realidades de este mundo que hayan de considerarse como portadoras, símbolos, sacramentos, expresiones o consecuencias de la encarnación, tendrán sólo esa autoridad que el rostro del otro tenga para mí.

El rostro del otro, en toda su vulnerabilidad, demanda una respuesta de mi parte que determine mi identidad personal. Esta es mi identidad y esto es previo a todo conceptualismo o respuesta ideada por mi parte. Nos lleva a cada uno de nosotros a ese «principio» del milagro e impone un respeto que precede a todo pensamiento, toda intencionalidad, todo fin y proyecto. Es la base para una conducta ética que no se basa en ideas, conceptos ni leyes externas. Es la manifestación de la santidad, que no es divisiva ni destructiva. A través de ella, accedo a una responsabilidad total por los demás.

Intimidad radical y trascendencia absoluta: esto es lo que supone una encarnación verdadera.

Ella sola satisface las demandas de la razón y el filósofo, las intuiciones del poeta. Esto es lo que la creencia en una encarnación supone. Significa que el sentido de la vida se ha aceptado como el «tú» y que este «tú» ha sido aceptado como el Ser mismo. Según escribe el cardenal Ratzinger, significa que «sólo lo que está oculto es aceptado como Él, que está cerca; sólo el que es inaccesible como Él, que es accesible; el uno, como el Uno que existe para todos y por quien todo existe». Esto significa rechazar al Dios que es «puro Ser o puro Pensamiento, que gira para siempre, cerrado sobre sí mismo, sin alcanzar jamás al hombre y a su pequeño mundo». En cambio, este Dios aparece a los ojos de la fe como el Dios de los hombres y las mujeres.

La verdadera grandeza del Dios de la revelación se halla en el aforismo con el que Friedrich Hölderlin prologó su *Hiperión*: «no ser abarcado por lo mayor, sino dejarse abarcar por lo menor: eso es divino».

La posibilidad del sacrificio

El motivo por el que resulta tan difícil creer en dicha encarnación en la cultura actual se debe a que un «rostro» que no ha sido creado por nuestro propio poder y conciencia es casi imposible de ver. Hubo una época en la que se consideró que la verdad existía fuera de aquí, independientemente de mí, y a la cual estaba yo llamado a conformarme en la mente y la conducta. Desafortunadamente, es posible que no podamos imaginar cómo esta visión podrá recuperarse, porque somos muy conscientes de lo mucho que nuestra inteligencia y nuestra conducta están condicionadas irremisiblemente por factores ocultos en nuestra biología, en la evolución, en nuestros antecedentes culturales y en las experiencias inconscientes. Nuestra visión de la «verdad» está determinada por lo que puede hacerse a través de nuestro poder. La verdad se convierte cada vez más en lo que puede hacerse.

Sólo un acontecimiento con una incidencia tremenda —con una incidencia que ponga absolutamente todo en peligro— puede liberarme de la prisión de esta subjetividad sofocante. Sólo una encarnación que se abra paso a través de todo y nos conmocione con el poder de la impotencia radical nos podrá llevar a un nuevo principio.

En efecto, esto es lo que Levinas llama el «rostro». Así es como lo describe en «The Other, Utopia, and Justice» (El otro, utopía y justicia): «Llamo *rostro* a eso que así en otro concierne al Yo —me concierne—, recordándome, desde detrás del semblante que puso en su retrato, su abandono, su indefensión y su mortalidad, y su llamamiento a mi responsabilidad histórica, como si él fuese único en el mundo, amado... La autenticidad del Yo, según mi opinión, es ... esta atención al otro sin subrogación... ¡La posibilidad del sacrificio como el sentido de la aventura humana!».

Esta es una tesis extraordinaria. El «sentido de la aventura humana» es lo que el sentido religioso busca en la consecución de su vínculo con el Misterio. Levinas está diciendo que no sería irrazonable maravillarse, si este sentido se pudiera hallar en «la posibilidad de sacrificio», es decir, en una rendición personal ante «un Otro», en una ofrenda personal a otro, de quien yo me siento totalmente responsable, el deseo de «sustituir» al otro en su vulnerabilidad radical. Pero si este es el sentido de la aventura humana, de la vida humana, entonces, de alguna manera inefable, tiene que corresponder al propio Misterio, abriendo así la puerta hacia una encarnación. Así, pues, ¿es dicho vaciamiento personal (que la Biblia llama *kenosis*) el mismísimo secreto de lo que llamamos «Dios»? ¿Es todo esto lo que la trascendencia, el infinito y la eternidad son, al fin y al cabo?

Quizás.

En cualquier caso, ¿no es esto lo que el corazón humano busca realmente? ¿No es la máxima realización de la pasión por la libertad?

Adoración

¿Qué hacemos con la proposición de Levinas de que el sacrificio puede ser el «sentido» de la aventura humana? ¡Realmente es una inmensa provocación! No podemos responder a ello con violencia, como las hormigas, ni intentar echarlo a un lado, como el caracol. Sin embargo, existe una respuesta que no nos conducirá por mal camino. Se llama oración. Orar es atrevernos a presentar nuestro rostro ante el Misterio, hablarle «tuteándole».

En el documental sobre el papa Juan Pablo II, titulado *The Millennial Pope* (El Papa del Milenio), el director Gilbert Levine comentó que le había conmovido inmensamente ver al Papa en oración silenciosa. Aunque él es judío y no cristiano, también recitó en silencio las oraciones de la fe de su pueblo. Es decir que él oraba realmente con el Papa. Esta oración atraviesa las barreras históricas que separan a los dos, una expresión de vulnerabilidad radical del corazón humano. Orar es exponer nuestro rostro ante el Misterio y esperar.

En una reunión patrocinada por el cardenal Carlo Maria Martini, de Milán, como parte de una serie de encuentros llamados la «cátedra de los no creyentes», Mario Trevi, no creyente, sostuvo que había algo así como la «oración de los no creyentes». Supongo que proviene de la presencia de ese «quizás» grabado en todos los corazones humanos. Tal como comentó el cardenal Martini: «Pueden quedar dudas, temores (¿estoy hablando conmigo mismo o con Otro? ¿Estoy expresándome mi verdad o me dejo llevar por emociones infantiles?), pero quien persevere en el proceso irá aclarando poco a poco el cuestionamiento, superará las dudas, purificará en su mente la realidad de la oración. Es como la persona que entra con timidez en el mar y, gradualmente, experimenta la alegría de abandonarse a las aguas que lo sostienen».

En latín, observó el cardenal, existe un vínculo entre las palabras «razón, oración y adoración»: *ratio, oratio, adoratio*. La razón, si se ejerce con diligencia como la búsqueda del sentido y el fin, anticipa la oración: de hecho, es ya una forma de ella. Y la oración, si se ejerce con igual persistencia y con una mente abierta, abre el espacio para la adoración.

Epílogo

Mientras escribo este epílogo, me preparo para regresar al Ritz Carlton en Pasadena, con el fin de ayudar a presentar un nuevo espectáculo de PBS *Frontline*, dedicado esta vez a la cuestión religiosa suscitada por los ataques del 11 de septiembre de 2001. No sé a qué clase de preguntas dará lugar este tema o si tendré una nueva oportunidad de encontrarme con mis amigos de hace tres años. ¡Pobre de mí, después de mi presentación de entonces y después de este libro, no sé si el Misterio me querrá para que vuelva a hablar en su nombre! Bueno, mientras pueda seguir volviendo al Ritz, me daré por satisfecho. Después de todo, no es un lugar tan malo para la oración. Sólo me queda esperar que conduzca a la adoración.

Bibliografía

AGUSTÍN, San. *Confessions*. Nueva York: Penguin Classics, 1988. Vers. cast.: *Obras completas de San Agustín*, tomo II: *Las Confesiones*. Madrid: BAC, 1999.

BERKOWITZ, Peter. *Virtue and the Making of Modern Liberalism*. Princeton, N. J.: Princeton University Press, 1999. Vers. cast.: *El liberalismo y la virtud*. Barcelona: Editorial Andrés Bello, 2001.

BERNANOS, Georges. *The Diary of a Country Priest*. Nueva York: Avalon Publishing Group, 2001. Vers. cast.: *Diario de un cura rural*. Madrid: Encuentro Ediciones, 1999.

CHANGEUX, Jean-Pierre y RICOEUR, Paul. *What Makes Us Think? A Neuroscientist and a Philosopher Argue about Ethics, Human Nature, and the Brain*. Princeton, N. J.: Princeton University Press, 2000. Vers. cast.: *Lo que nos hace pensar: la naturaleza y la regla*. Barcelona: Ediciones Península, 1999.

DOSTOIEVSKI, Fiódor. *The Brothers Karamazov*. Nueva York: Vintage Classics, 1991. Vers. cast.: *Los hermanos Karamazov*. Madrid: Editorial Debate, 2000.

GARCÍA LORCA, Federico. «Los encuentros de un caracol aventurero». En: *Obras Completas*. Editado por Arturo del Hoyo, pp. 103-108. Madrid: Aguilar, 1960.

GIUSSANI, Luigi. *The Religious Sense*. Montreal: McGill-Queen's University Press, 1997. Vers. cast.: *El sentido religioso*. Madrid: Encuentro Ediciones, 1998.

GRAY, John. *Two Faces of Liberalism*. Nueva York: New Press, 2000. Vers. cast.: *Las dos caras del liberalismo: una nueva interpretación de la tolerancia liberal*. Barcelona: Ediciones Paidós Ibérica, 2001.

JUAN PABLO II. *The Theology of the Body: Human Love in the Divine Plan*. Boston: Pauline Books and Media, 1997. Vers. cast. accesible en internet: *La teología del cuerpo: el amor humano en el plan divino* (Catequesis), www.interrogantes.net.

LEVINAS, Emmanuel. *Otherwise Than Being, or, Beyond Essence*. Pittsburgh: Duquesne University Press, 1998. Vers. cast.: *De otro Modo que ser, o Más allá de la esencia*. Salamanca: Ediciones Sígueme, 1995.

— *Entre nous: Thinking-of-the-Other*. European Perspectives: A Series in Social Thought and Cultural Criticism. Nueva York: Columbia University Press, 2000. Vers. cast.: *Entre nosotros: ensayos para pensar en otro*. Valencia: Ed. Pre-Textos, 1993.

LEWIS, C. S. *A Grief Observed*. Nueva York: Seabury, 1961. Vers. cast.: *Una pena en observación*. Barcelona: Anagrama, 2002.

LUBAC, Henri de. *The Drama of Atheist Humanism*. Nueva York: Sheed & Ward, 1950. Vers. cast.: *El drama del humanismo ateo*. Madrid: Encuentro Ediciones, 1997.

MAURIAC, François. Prólogo a Elie Wiesel, *The Night Trilogy*. Nueva York: Hill and Wang, 1987.

— «The Millennial Pope». *Frontline*. PBS-TV, 28 de septiembre de 1999. Producido y dirigido por Helen Whitney, WGBH-TV, Boston.

MONTY PYTHON. «Stake Your Claim». *www.intriguing.com/mp_scripts/claim.txt*.

MOUNIER, Emmanuel. En: Enzo Piccinini, «The Otherworldly Present in This World». *Traces* 6 (2000).

O'CONNOR, Flannery. «Introduction to a Memory of Mary Ann». En: *Collected Works*, editado por Sally Fitzgerald, pp. 822-831. Nueva York: Library of America, 1988.

PERCY, Walker. *The Thanatos Syndrome*. Nueva York: Farrar, Straus, Giroux, 1987.

PHILLIPS, Adam. *Darwin's Worms*. Nueva York: Basic Books, 2000.

POLLACK, Robert. *The Faith of Biology and the Biology of Faith*. Nueva York: Columbia University Press, 2000.

POTTER, Dennis. «The Last Interview». Cinta de vídeo grabada en 1994, publicada en 1995 por New Video Group.

RATZINGER, Joseph. *Introduction to Christianity*. San Francisco: Ignatius Press, 1990. Vers. cast.: *Introducción al cristianismo*. Salamanca: Ediciones Sígueme, 2002.

— *Dio e il Mondo*. Cinisello Balsamo, Italia: Edizioni San Paolo, 2001. Vers. cast.: *Dios y el mundo: creer y vivir en nuestra época*. Barcelona: Galaxia Gutenberg / Círculo de Lectores, 2002.

RILKE, Rainer Maria. «Archaic Torso of Apollo». En: *The Best of Rilke*. Hanóver, N. H.: University Press of New England, 1989. Vers. cast.: *Nuevos poemas*. Madrid: Ediciones Hiperión, 1998.

RUSSELL, Bertrand. *Why I Am Not a Christian*. Londres: George Allen & Unwin, 1957. Vers. cast.: *Por qué no soy cristiano*. Barcelona: Edhasa, 2001.

SINGER, Seymour Jonathan. *The Splendid Feast of Reason*. Berkeley y Los Angeles: University of California Press, 2001.

WEBER, Max. *The Protestant Ethic and the Spirit of Capitalism*. New York: Routledge, 2001. Vers. cast.: *La ética protestante y el «espíritu» del capitalismo*. Madrid: Alianza Editorial, 2002.

WOJTYLA, Karol. «Our God's Brother». En: *The Collected Plays and Writings on Theatre*. Berkeley y Los Angeles: University of California Press, 1987.

Acerca del autor

Monseñor Lorenzo Albacete se formó como físico. Obtuvo una licenciatura en Ciencia del Espacio y Física Aplicada, así como una licenciatura superior en Teología Sagrada en la Universidad Católica de América, en Washington, D.C. Recibió el título de doctor en Teología Sagrada en la Universidad Pontificia de Santo Tomás, en Roma. Impartió clases en el Instituto Juan Pablo II de Washington, D.C. y en el Seminario de San José, en Yonkers, Nueva York. De 1996 a 1997, fue presidente de la Universidad Católica de Puerto Rico, en Ponce. Es columnista de la *New York Times Magazine* y del semanario italiano *Tempi*. Ha escrito para el *New Yorker*, además de haber sido asesor para Asuntos Hispanos en el Concilio Nacional de Obispos Católicos de EE.UU. Monseñor Albacete reside en Yonkers.

www.ingramcontent.com/pod-product-compliance
Lightning Source LLC
Chambersburg PA
CBHW031257090426
42742CB00007B/499